AF361125

UN CURÉ EN PRISON

Se vend au profit des Œuvres et des Écoles
congréganistes de Donzy.

Prix : **0** fr. **60**

UN
CURÉ en PRISON

LES FAITS, LES LOIS, LA RAISON

Par I. M. C.

> Honneur à ceux qui descendent dans l'arène, avec la ferme persuasion que la force de l'injustice aura un terme et qu'elle sera un jour vaincue par la sainteté du droit et de la Religion.
>
> (S. S. Léon XIII, Encycl. Sapientiæ Christianæ).

NEVERS

IMPRIMERIE CATHOLIQUE L. CLOIX

1898

INTRODUCTION

1. — LE CURÉ BAILLY

Au mois de juin 1897, la presse excitait vivement la curiosité du public en annonçant qu'un curé allait être mis en prison. On se hâte d'aller aux informations :

Quel attentat a pu mériter une punition si extraordinaire chez un prêtre? — Il n'y a pas d'attentat, il y a purement et simplement procession.

Pour une procession, allons donc !

Une intempérance de langage sans doute, une abominable insolence, une calomnie odieuse lancée contre un fonctionnaire de l'Etat a provoqué les rigueurs de la justice? — Mais non, ce prêtre est paisible, ses manières sont gracieuses et simples; il répond toujours avec beaucoup de calme et de douceur, même à ceux qui l'attaquent.

C'est donc un de ces caractères acariâtres d'une froideur concentrée, qui ne veulent rien supporter et ne peuvent se rendre supportables? — Pas du tout, ce prêtre s'est fait aimer et vénérer partout où il a passé; son évêque l'a distingué depuis longtemps comme l'un des plus pieux, des plus conciliants, des plus habiles de son diocèse; il l'a nommé doyen bien jeune encore, avec la conviction qu'il serait respecté des plus méritants et des plus âgés, et les faits ont prouvé que [la prévision était juste. Le camail des chanoines venait quelques années plus tard récompenser ou honorer son zèle, son savoir-faire, et sa vertu.

Alors! une erreur judiciaire a fait peser sur ce prêtre vénérable le crime d'un autre et des jaloux l'accusent à faux? — Il n'y a pas d'erreur judiciaire; ce prêtre avoue le fait qu'on lui reproche; mais il se trouve si peu coupable qu'il n'en a aucun regret; il est même fier et heureux de l'avoir accompli : et nous avons la pensée qu'au fond de son cœur on trouverait peut-être le désir de recommencer.

2. — MOTIF DE LA BROCHURE

Comment peut-il y avoir ainsi désaccord entre la justice française et la conscience d'un bon et saint prêtre? — C'est ce que nous allons essayer d'expliquer en exposant les faits avec simplicité, en les mettant en face de nos lois françaises et de notre foi chrétienne, et aussi en les appréciant avec cette raison simple et vulgaire qui court les rues et qu'on appelle le bon sens.

Notre siècle témoin de tant d'événements a vu beaucoup de prêtres persécutés ; il n'avait pas encore vu un prêtre condamné, privé de son traitement et jeté en prison pour le crime de procession.

Le fait a causé dans l'opinion, la presse et partout une vive émotion. M. l'abbé Bailly, chanoine honoraire du diocèse de Nevers et curé doyen de Donzy, nous pardonnera ce récit entrepris pour répondre à la très légitime curiosité des fidèles et des prêtres qui désirent savoir ce qu'ils feraient s'ils se trouvaient dans la même situation.

Nous avons pour ce motif indiqué aussi brièvement et simplement que possible, la plupart des lois qui se rapportent à la matière préférant être ennuyeux pour être plus utile.

Une âme religieuse et sensible, qui a vu de ses yeux tout ce qui s'est passé, a noté au jour le jour ses impressions et les raisons alléguées de part et d'autre. Nous avons trouvé dans ces simples notes des sentiments si touchants, des émotions si sincères, que la plupart du temps nous nous sommes contenté de les copier.

En réalité il s'agit beaucoup moins ici du vénéré curé que de la liberté religieuse qui est directement en cause. Pour être utile nous ne devons prendre que la vérité pour guide en racontant cet épisode de nos luttes religieuses, et nous sentons bien que la vérité est ici un terrain excessivement brûlant que chacun foule avec un caractère plus ou moins vif, des nerfs plus ou moins surexcités et des tendances plus ou moins ardentes.

Nous paraîtrons timide ou sévère, pusillanime ou intransigeant, selon les préjugés ou les passions du lecteur. Peu importe nous voulons la paix, et nous croyons qu'on est toujours honnête quand on dit ce que l'on pense.

3. — DONZY ET SES HABITANTS

Pour arriver à mieux connaître les faits et leurs causes il était utile de visiter les lieux, de parler aux habitants.

Donzy n'est pas un chef-lieu de canton ordinaire, et cette immense paroisse ne se distingue pas seulement par l'étendue de ses limites et ses 4.000 habitants. — Son église est vraiment une superbe cathédrale ; les maisons trop serrées autour de ce magnifique édifice rappellent ces cités du moyen-âge que la nécessité de la défense obligeait à resserrer leurs remparts autant que possible. C'est la ville, et cette ville, n'ayant plus aujourd'hui à repousser de fréquentes attaques avec un petit nombre d'arquebusiers, s'élargit selon les habitudes modernes en donnant à ses nouvelles constructions abondance d'air, de verdure et d'espace. — La campagne s'étend au loin à six ou huit kilomètres ; vous y trouvez çà et là des ruines grandioses, des restes d'industries jadis florissantes ; des plantations et des cultures parfaitement aménagées.

Le Nohain, qui traverse la ville, y est divisé en plusieurs branches pour fournir à chaque quartier, et presque à chaque maison, la fraîcheur et les multiples avantages des eaux courantes. A tous ces signes on reconnaît promptement que le pays a eu des personnages d'une intelligence supérieure.

En causant avec les habitants on remarque bien vite leur valeur personnelle. Doux, respectueux, occupés à leurs affaires, plus attentifs à leur travail qu'aux bruits de la rue, ils saluent avec bonté et dignité, répondent avec calme et clarté aux questions de l'étranger, et se remettent à leur besogne aussitôt qu'ils croient avoir satisfait vos légitimes désirs. A l'église et dans leurs cérémonies publiques vous distinguez la même attention sérieuse. Pieux, recueillis, ils sont venus là pour s'entretenir avec Dieu, penser à leur âme, s'occuper des grands intérêts de l'éternité, et non pour voir ce qui se trouve à côté, devant ou derrière eux. — Au milieu des champs j'arrête un brave garçon : il m'explique aisément tout le mécanisme de sa charrue assez compliquée, parle en termes parfaitement exacts de la différence des terres ferrugineuses ou argileuses, et du rendement probable de cinquante boisselées selon la nature du fond.

C'est donc une population sérieuse et intelligente.

4. — UN TRAIT DE NOBLE FIDÉLITÉ

De son glorieux passé, citons seulement un trait qui prouve un noble caractère et une foi sincère. Ni les intrigues ni les violences des Huguenots n'ont pu l'entamer.

L'abbaye de Lépau était la gloire et la grande ressource du pays : elle fut pillée et en partie incendiée par les protestants en 1568. L'année suivante Casimir Wolfgang, duc de Deux-Ponts, passe comme un ouragan avec une bande de reîtres et de lansquenets qu'il amène d'Allemagne rejoindre l'armée protestante en Limousin : « Ce n'était que rançonnements, pilleries et massacres, combustions de maisons, viols d'églises, chasse-prêtres et tous actes de picorée qui rendaient les villages déserts et inhabitables ». Le reste du monastère fut brûlé et sa superbe église renversée : les magnifiques piliers qui portaient la voûte du sanctuaire et de l'abside subsistent encore et malgré les injures du temps prouvent au voyageur étonné la puissance du prieuré, la hardiesse de l'architecte, l'habileté des ouvriers, la qualité des matériaux employés. Donzy a pu se défendre contre cette horde de pillards, mais quelques semaines plus tard, le 18 septembre 1569, le sieur Garchy et le capitaine Bois, venus de La Charité, surprennent la ville, pillent les églises, massacrent les prêtres et enfin, suivant l'habitude, s'installent pour vivre aux dépens des habitants. Le 25 septembre, ils brûlent tout ce qui n'excite plus leur cupidité, et se préparent à incendier l'église de Saint-Caradheu, quand le capitaine Bois propose de la conserver pour y établir le prêche. C'est la belle église qui fait encore aujourd'hui tant d'honneur au pays. Les Donziais refusent d'entendre le prêche ; il faut leur arracher de force les vivres et les fourrages. En 1571, la garnison se rend au hameau de La Brosse pour lever les contributions en nature; les habitants résistent ; une vraie bataille s'engage ; le village est pillé et incendié par les protestants mieux armés. Pendant ce temps les portes de la ville se ferment, la défense s'organise et les incendiaires sont obligés de quitter le pays n'y laissant qu'une réputation odieuse. — Une enquête faite à Donzy, les 5 et 10 février 1585, est toute à l'honneur de ces braves chrétiens : « Donzy n'a pas varié dans sa foi quoique les Protestants aient été plus de deux ans maîtres de la ville. Cette fermeté en face de l'incendie, du pillage, de la persécution et de la mort même est au-dessus de toute louange humaine ». Un autre mémoire adressé à Mgr l'Évêque d'Auxerre en 1683 porte cette honorable déclaration : « Jamais Donzy n'a voulu souffrir d'hérétiques ».

La population actuelle se rend-elle bien compte des ressemblances qui existent entre les aventures protestantes du seixième siècle et les intrigues de la franc-maçonnerie à notre époque ? On est tenté de le croire. Quoiqu'il en soit cette population aime sa religion, la pratique avec simplicité, respecte son excellent curé, et chose étonnante ces braves gens se vantent, avec une certaine fierté d'une part de l'avoir encouragé à l'acte qui lui a valu sa prison, d'autre part d'avoir trouvé dans ce digne pasteur le courage peu commun d'aller jusqu'au bout.

PROCESSIONS INTERDITES

5. — L'ARRÊTÉ

L'arrêté du maire de Donzy qui supprime les processions est d'une date déjà ancienne, du 17 mars 1882. En voici le texte :

« Vu les art. 9, 10 et 11 de la loi du 18 juillet 1837;

» Vu le vœu émis à l'unanimité par le conseil municipal dans sa séance du 7 août 1881 ;

» Considérant qu'à la suite de l'hostilité faite par M. le Curé de Donzy à la municipalité de cette commune, à l'occasion de la fête nationale du 14 juillet dernier, l'exercice du culte extérieur peut donner lieu à des manifestions fâcheuses et de nature à troubler la tranquillité publique,

» Avons arrêté :

» Les processions sont supprimées sur le territoire de la commune de Donzy. »

Deux affirmations nous étonnent dans cet arrêté :

1º L'hostilité du curé envers la municipalité, car tout le passé de ce prêtre contredit cette accusation. M. Bailly a été hostile aux désordres, aux mauvaises mœurs, aux habitudes criminelles : mais il a toujours été bienveillant pour les personnes. Vicaire à Château-Chinon, curé à Chevannes-Changy, et même à Donzy, il s'est montré doux, conciliant pour tous, affable même avec les adversaires du prêtre. Comment a-t-il pu, à un âge où les ardeurs de la jeunesse se calment pour tous, passer de la bienveillance à l'aigreur hostile ? C'est inexplicable. En outre, à qui fera-t-on croire que ce curé tient une municipalité en échec ? S'il l'a tenté dans un moment d'oubli, il y a des lois, des tribunaux, des pénalités : or on ne signale aucune condamnation, ni aucunes poursuites ; on ne signale même aucunes plaintes dans le passé de M. Bailly. Voilà pourquoi ce mot *hostilité* nous étonne.

2° En second lieu les *manifestations fâcheuses* ne nous surprennent pas moins de la part d'une population laborieuse et honnête comme celle de Donzy. Ces braves gens révèrent le prêtre ; ils ont toujours témoigné à M. Bailly un attachement tout spécial ; l'esprit général et toute l'histoire de Donzy protestent contre ces mots, et la crainte signalée est peut-être plus qu'une imagination fantaisiste.

Nous allons aux informations pour expliquer ce mystère.

6. — LA GIROUETTE ET LA SONNERIE

« Vous voyez cette girouette qui est au sommet de la tour de notre église, me dit un brave habitant, c'est pourtant de cette girouette qu'est venu tout le mal. »

« — D'une girouette ? et comment s'il vous plaît ? »

« — Voici. En 1881, pour la fête nationale, M. Front, alors maire de Donzy, voulut faire peindre la girouette en tricolore et *se passer du curé*. Il envoie

clandestinement ses ouvriers, qui, ne pouvant pénétrer dans le clocher, font du bruit dans l'église ; le
curé qui se préparait à dire sa messe fait ses observations et, quand on lui expose qu'on veut monter
au clocher, il refuse bel et bien l'entrée du clocher.»

« — Mais c'était son droit et même son devoir. »

« — Le maire devait sans doute le savoir, car il
écrivit à M. le curé, nous a-t-on dit, pour lui demander
l'autorisation. »

« — Eh bien ! alors? »

« — Eh bien ! la lettre ne fut remise que deux
heures plus tard ; mais le mal était fait ; le maire ne
put souffrir que son autorité eût été discutée et ne
pardonna pas au curé d'avoir renvoyé ses ouvriers. »

« Et c'est là toute l'hostilité qu'on reproche à votre
curé? »

« — On a parlé aussi d'une petite difficulté sur-
venue à propos de la sonnerie des cloches. »

« — Le curé a peut-être refusé la sonnerie du
14 juillet? »

« — Il ne l'a pas refusée, il aurait voulu seulement y
mettre de l'ordre, et le maire, qui était froissé par
l'affaire de la girouette, voulait ici se montrer absolument le maître. A la demande de sonnerie, le curé
déclare s'en tenir aux instructions qu'il a reçues,
comme tous les curés du diocèse, et qui autorisent
la sonnerie, soit la veille au soir, soit le matin du
14 juillet. Le maire, irrité, fit répondre par son
adjoint : qu'il pouvait faire sonner autant qu'il lui
plairait, qu'il enverrait ses sonneurs, que si les portes
de l'église et du clocher étaient ouvertes, *ce serait
bien* ; que, dans le cas contraire, il les ferait ouvrir

de force. Et le curé céda à la force, et, tous les ans, depuis le 14 juillet 1881, on a sonné comme le maire l'a voulu, à rompre les oreilles. »

« — Et c'est là tout ce qu'on a reproché au curé de Donzy? »

« — Oui, c'est tout. »

Et en effet, dans une lettre du 21 mai 1893, le successeur de M. Front à la mairie signale ces deux causes du conflit et n'en signale pas d'autres : Ce qui a fait dire à un avocat du Conseil d'Etat :

« On ne saurait vraiment imaginer un prétexte plus insignifiant que *la girouette* pour une mesure aussi grave. Quant aux tiraillements, à propos de la fête nationale, cette expression révèle plutôt une divergence sur des points de détail qu'une opposition absolue et caractérisée. Ce qui prouve bien, en effet, que la municipalité était dans son tort, c'est qu'il fut alors référé du conflit au préfet de la Nièvre et à Mgr l'évêque de Nevers, qui, tous deux, ne crurent pas devoir blâmer la conduite du curé de Donzy. »

DE RAMEL.

La menace de briser les portes de l'église indiquait suffisamment que M. Front allait se lancer dans la voie de l'arbitraire. Désormais le curé et les paroissiens devaient s'attendre à voir la force primer le droit ; et chaque jour en fournit de nouveaux indices, car une fois engagé dans cette voie il est difficile de s'arrêter.

7. — LA DIVISION AUGMENTE

En effet quelques jours après le maire, pour mieux

affirmer son pouvoir, fait peindre sur les murs de l'église en grosses majuscules ces mots.

PROPRIÉTÉ COMMUNALE

Le curé n'avait cependant jamais dit que l'église était à lui et qu'il l'emporterait dans ses bagages s'il jugeait à propos de s'en aller. Les bons fidèles n'avaient pas davantage menacé d'en fermer l'entrée à qui que ce soit. Tous même, ainsi que le curé, eussent été heureux de voir M. le Maire prendre sa part de leurs solennités et de leurs dévotions.

Au-dessous, en gros caractères également, on met.

LIBERTE, ÉGALITÉ, FRATERNITÉ

Et après chaque mot on aurait dû mettre le point d'usage pour bien marquer que désormais il n'y en aurait point à Donzy excepté pour M. le Maire et deux ou trois amis.

On devine aisément les quolibets de la population après ces actes de fatuité mesquine : l'église n'est pas au curé, nous le savions tous : elle est bien à nous habitants de Donzy, personne ne l'ignorait. Le maire voudrait sans doute porter l'étole avec l'écharpe ; vous le voyez bien. Voudrait-il aussi monter à l'autel et y lever le front ? Malgré l'inscription le curé conserve tous ses droits, c'est clair, et les droits du maire n'ont pas augmenté, cela saute aux yeux.

Le maire, on le conçoit, éprouve de plus en plus le besoin de manifester son omnipotence en portant un coup dont on se souviendra. Puisque je ne puis empêcher le curé d'officier à l'église, je l'empêcherai de passer dans les rues : les habitants de Donzy aiment leurs processions ; moi franc-maçon je les déteste : ils osent se rendre en foule hommes et femmes à ces processions ; tant pis pour eux ils n'iront plus.

8. — LES PROCESSIONS INTERDITES

Un premier arrêté, en date du 9 août 1881, interdit la procession du 15 août. C'est sans doute pour diminuer l'odieux d'une pareille mesure que M. Front lui donne un caractère provisoire. Elle produisit néanmoins la plus douloureuse impression. Le curé en la portant à la connaissance de ses paroissiens ne put dissimuler « la surprise et la peine qu'il éprouvait de voir sa paroisse frappée d'une manière si inattendue et privée d'une liberté si chère à tous. » — Ni M. le Curé ni la paroisse ne tentèrent de résister. La procession en l'honneur de la Ste-Vierge se fit dans l'église même, devenue trop étroite, malgré ses vastes nefs ; car la population s'était portée en masse à l'office du soir. Les cœurs étaient émus ; la cérémonie fut très-touchante. Pendant ce temps cinq gendarmes équipés stationnaient aux portes de l'église, avec ordre de réprimer toute tentative de liberté.

Ce premier succès encourage à faire plus : le 17 mars 1882 M. Front *supprime* d'une manière générale et illimitée *les processions sur le territoire de la commune de Donzy.*

L'arrêté est donné plus haut n° 5 nous traiterons

tout à l'heure, n° 13, la question de droit. Pour le moment nous continuons l'exposé des faits.

9. — MOTIFS APPRÉCIÉS

Le maire, plus intelligent que modeste, semble avoir pressenti la gravité de la mesure prise contre tous ses administrés par lui maire de céans, et il essaie de la justifier, au moins aux yeux des étrangers, par cette allégation : « A la suite de l'hostilité faite par M. le Curé à la municipalité, à l'occasion du 14 juillet, l'exercice du culte extérieur peut donner lieu à des manifestations fâcheuses et de nature à troubler la tranquilité publique. »

Or l'hostilité n'existe pas, nous l'avons prouvé ; le curé n'a pas contrarié la fête du 14 juillet, il a seulement voulu maintenir le respect dû à l'église ; on ne lui reproche d'ailleurs aucune parole insolente, aucune invective ; les habitants n'ont aucun motif d'être irrités contre lui. Puisque la cause n'existe pas, la conséquence ne doit pas se produire non plus. Et en effet la population de Donzy qui aime et révère le prêtre, se plaît aux cérémonies religieuses, ne s'est jamais livrée à la plus petite manifestation fâcheuse. Elle a trouvé chaque année et maintes fois, comme on va le voir, l'occasion de manifester ; elle a toujours été sympathique. Les occasions prévues par l'arrêté se sont surtout présentées dans ces trois processions publiques de 1895 et 1896 auxquelles elle s'est portée en foule, malgré l'arrêté d'interdiction. Or dans ces moments critiques pas un mot, pas un cri, pas un geste dénotant la moindre agitation, le moindre trouble. Les motifs allégués sont donc une invention en ce qui concerne le curé, une calomnie gratuite à l'adresse de la population, une tracasserie pour tous.

Expoxons simplement les faits : ce sera la meilleure preuve des dispositions sympathiques de la population entière.

10. — LES PROCESSIONS A CHAMP-ROMAIN. — PENDANT QUATORZE ANS.

Quand reviennent les augustes et gracieuses solennités de la Fête-Dieu, la paroisse de Donzy souffre de n'être pas libre pour manifester sa foi et organiser ces belles processions si universellement aimées. Elle se doit à elle-même, elle doit surtout à Notre Seigneur outragé une compensation. Elle fera son devoir.

Le Dimanche de la Fête-Dieu, aussitôt la messe achevée, les paroissiens, au lieu de rentrer dans leurs demeures, prennent la direction de Champ-Romain. C'est un beau parc, à côté de la ville, où des propriétaires intelligents ont uni très habilement les embellissements modernes aux anciens souvenirs. Et comme les sentiments religieux et la bonté correspondent à la fortune, tout y est admirablement disposé pour faire honneur à Dieu et satisfaire les pieux fidèles. Ceux-ci suivent la principale rue de Donzy, s'avancent en groupes nombreux et pressés, couvrant plus d'un kilomètre, recueillis, la prière sur les lèvres : c'est un saisissant spectacle. A l'entrée du parc de Champ-Romain, ils s'allignent en procession, suivent les longues allées, à l'ombre des chênes séculaires, le long des plates-bandes et des massifs très variés de fleurs et de verdure. Le bon sauveur sort de la chapelle dans l'ostensoir qui rayonne au brillant soleil de juin. Deux beaux reposoirs s'élèvent sur le parcours du pieux cortège. Tout le monde est ému, tous prient avec ferveur et chantent avec enthousiasme ; bien des yeux se mouillent de larmes. Le Dieu de l'Eucharistie doit bénir cette foule agenouillée avec une tendresse particulière. Le pasteur est heureux et congédie ainsi l'assistance : « Dieu a vu votre foi, mes frères, et vous en avez reçu la récompense. Vous venez de montrer que vous entendez être libres ; je vous félicite ».

Ce fut la première procession dans un lieu charmant, délicieux, il est vrai ; mais enfin c'est un lieu d'exil. Pendant ce temps la ville est silencieuse et morne comme une ville abandonnée.

A huit jours d'intervalle, seconde procession aussi belle et aussi majestueuse que la précédente : même charme et même édification.

Au jour de la glorieuse Assomption de la Sainte Vierge, le vaste parc de Champ-Romain voit encore le magnifique défilé d'une foule enthousiaste qui ne se lasse ni d'invoquer Marie, ni de chanter ses grandeurs et son triomphe. De différents côtés les échos répètent les hymnes et les cantiques, la fraîche et souriante nature, les hautes futaies, les chênes séculaires semblent s'unir silencieusement à cette pieuse manifestation pour la rendre plus imposante.

Ce que nous venons de dire de l'éclat et de l'immense concours de ces trois processions, l'année même où elles étaient interdites, se renouvela d'an

née en année durant quatorze ans avec le même zèle,
la même affluence et la même absence de *manifestations fâcheuses.*

11. — PÉTITION EN 1888

Ainsi la bonne paroisse de Donzy témoigne de sa
foi et manifeste hautement son vif désir de recouvrer
sa liberté. À qui douterait de la réalité de ce désir
il suffirait de faire lire cette pétition qui, en 1888, fut
signée de plus de sept cents électeurs réclamant *au
nom de la religion et de tous les intérêts du pays* le
rétablissement des processions. Un certain nombre
de braves gens étaient absents quand la pétition
circula ; on évita de la présenter aux conseillers, aux
fonctionnaires et aux employés pour ne pas les com-
promettre, et malgré cela on obtint la signature de
700 électeurs sur 980. C'est presque l'unanimité.

Si l'on tenait compte des désirs des électeurs,
comme on le leur promet si bien à la veille d'une
élection, on accueillerait gracieusement une demande si juste en soi et si bien appuyée. M. Dubois,
qui avait succédé à M. Front, n'en fit aucun cas.

12. — LETTRE DU CURÉ EN 1893 ET RÉPONSE DU MAIRE

Cinq ans plus tard, en 1893, le curé de Donzy se
faisant l'interprète du désir de plus en plus pressant
de ses paroissiens, adresse à M. Dubois une lettre qui
n'obtient pas plus de succès, mais qui provoque cette
singulière réponse : « J'ai parlé de cette affaire à
quelques conseillers, qui m'ont demandé si vous

aviez témoigné quelques regrets, fait quelques actes de nature à mériter ce que je pourrais appeler « l'indulgence municipale ». J'ai dû leur dire que rien de semblable n'était venu à ma connaissance.

Ces regrets demandés, cette « indulgence municipale » ont quelques chose de topique et de spécialement récréatif. Le curé dût en rêver longtemps : en tous cas il ne lui paraît ni sage ni utile d'avouer une faute dont il se sent parfaitement innocent, aveu qui serait un manque de caractère, une platitude déshonorante, une bassesse qu'un homme intelligent ne demande pas même à un esclave digne de respect. — Que M. le Maire se sente capable d'une pareille obséquiosité (le mot est trop honnête pour représenter exactement la chose : nous le laissons quand même) vis-à-vis de ceux qu'il regarde comme ses rivaux ou ses supérieurs, c'est son affaire ; un prêtre de la valeur de M. Bailly ne l'aurait pas même vis-à-vis de son évêque qu'il vénère cependant et auquel il est tout dévoué. — Cet aveu d'ailleurs, il faut le prévoir, aurait probablement un résultat tout différent du résultat promis par le maire, car il pourrait être donné comme preuve de la culpabilité ou des torts du curé et servirait de motif à une prolongation et même à une augmentation de représailles. — Enfin s'il est honorable de reconnaître ses torts et de s'humilier à propos pour en demander pardon, il est toujours avilissant de rechercher les faveurs en exprimant des regrets, pour une faute, dont on n'est pas coupable.

Néanmoins cette lettre du 21 mai 1893 nous fournit une indication précieuse. M. le Maire s'y montre disposé à lever l'interdiction et à rapporter l'arrêté de

1882 si M. le Curé fait sa soumission, manifeste des regrets et mérite l'indulgence municipale. N'est-ce pas avouer que l'hostilité prétendue de la population n'existe pas ? Et que la crainte des manifestations fâcheuses est une invention odieuse ? « Cette crainte mise en avant par l'arrêté pour donner une base légale à l'interdiction est donc fausse : l'arrêté est ainsi annulé de plein droit ; car ce que la loi veut c'est une raison grave, sérieuse, réelle et non un pur motif de style. » De Ramel.

Telles sont les origines du conflit et les actes préparatoires aux événements dramatiques qui vont suivre. Avant d'aborder le récit de ces faits palpitants il nous semble utile d'apprécier au point de vue des lois les faits précédents et de demander à ces lois ce qu'elles disent de l'attitude du curé et du maire.

13. — LES RÉPARATIONS DOIVENT ÊTRE CONCERTÉES AVEC LA FABRIQUE

L'attitude du curé a-t-elle été conforme aux lois ? Il y a ici deux choses à examiner au point de vue du droit : 1º Qui est chargé de veiller à « l'entretien et à la conservation de l'église ? »

2º Qui a la police de l'église, ou, pour être plus clair, qui a le devoir d'y maintenir l'ordre et le respect ?

Sur l'un et l'autre point les prescriptions des lois sont formelles.

L'art. 1er du Décret, loi du 30 décembre 1809 dit : « Les fabriques sont chargées de veiller à l'entretien et à la conservation des temples... d'administrer les

sommes supplémentaires fournies par les communes »
à cet effet. Et quand les communes doivent contri-
buer à cet entretien, l'art. 95 de la même loi fixe les
règles à suivre : « le préfet (averti par le conseil de
fabrique art. 94) nommera les gens de l'art par lesquels, en présence de l'un des membres du conseil
municipal et de l'un des marguilliers, il sera dressé
le plus promptement possible un devis estimatif des
réparations... » Ce dernier article a été supprimé par
l'art. 168 de la loi du 5 avril 1884, mais c'est pour
faire peser davantage sur les fabriques les grosses et
menues réparations des édifices paroissiaux : ce qui
n'augmente pas les droits que s'arrogeait le maire de
Donzy.

L'affaire de la girouette est ridicule par sa minime
importance : toutefois d'après les expressions très
claires des lois (alors et aujourd'hui encore en vigueur),
M. le Maire n'avait pas le droit d'envoyer travailler à
l'église, sans s'être auparavant entendu avec le conseil
de fabrique. De ce chef il était en tort. — Si sa lettre
de demande arrive trop tard ce n'était pas la faute de
M. le Curé. — Cette lettre fut-elle arrivée plus tôt M.
le Curé n'avait pas mission pour y répondre : il est
membre du conseil de fabrique ; il n'est pas la fabrique et l'art. 41 et 42 du Décret de 1809 charge spécialement le trésorier des réparations.

14. — LE CURÉ A LE DEVOIR DE POLICE OU DU RESPECT

En même temps que le curé s'opposait à cette ingé-
rence illégale, il réprimait comme il le devait, le bruit
et le désordre que causait cet envahissement de l'é-

glise. C'est qu'en effet le curé a le droit et le devoir
de faire respecter la maison de la prière. Ce droit lui
est accordé et ce devoir lui est imposé par les lois
françaises aussi bien que par les lois ecclésiastiques
qui sont ici complètement d'accord et avec raison.
L'art. 1er de la loi de 1809 et l'art. 9 de la loi du 18
germinal an X, interprétés par une décision du gouvernement 21 pluviose an XIII (10 février 1805) disent
que : « la police intérieure de l'église appartient à
l'autorité ecclésiastique, c'est-à-dire dans les paroisses
au curé ou desservant, sous la direction épiscopale.»

Ces lois et règlements ont été établis au commen-
cement du siècle : la monarchie, la république ni
l'empire n'y ont rien changé ; de nombreux juge-
ments, prononcés par les tribunaux ou les cours judiciaires, les ont toujours interprétés dans ce sens, et
la preuve qu'on ne pouvait les interpréter autrement
est facile à fournir : La voici :

15. — LE MAIRE N'EST PAS OMNIPOTENT DANS L'ÉGLISE

L'emploi des cloches n'a jamais été refusé pour
appeler des secours en cas de péril commun ou pour
solenniser un évènement glorieux au pays. Cependant
les maires francs-maçons éprouvant le désir de moins
s'accorder avec les curés ou de les taquiner plus à
l'aise, ont désiré avoir la clef qui conduit à ces cloches ; et les législateurs ont reconnu qu'une loi formelle et précise était nécessaire pour les autoriser à
détenir cette clef du clocher. Ils ont alors voté les
art. 100 et 101 de la loi municipale du 5 avril 1884 avec
cette réserve expresse : « le Maire ne pourra en faire

usage que dans les circonstances prévues par les lois et règlements, règlements qui doivent être concertés entre l'évêque et le préfet. »

Cette loi est postérieure au fait du maire de Donzy, et encore elle ne fait que l'autoriser à avoir une clef du clocher. La police et la conservation des églises restent comme par le passé le droit des curés et des fabriques.

En congédiant les ouvriers et en sauvegardant le respect dû à l'église, le curé-pratiquait le zèle de la maison de Dieu, comme la loi française le permet, comme l'Evangile le commande et comme tout curé qui a du cœur le fait en pareil cas. Agir autrement eut été formellement abdiquer un droit et trahir un devoir. Les gens de Donzy vous diront tous que leur zélé curé ne sait pas trahir son devoir, et M. Front qui était de Donzy devait le savoir.

Devant les lois la conduite du curé est parfaitement correcte : il est resté dans le droit, il a fait son devoir. Est-il juste, est-il raisonnable, est-il honnête même, de le traiter en coupable? de le représenter comme un ambitieux qui a voulu empiéter ? Comme un homme hostile qui cherche à contrarier la municipalité ?

16.— L'ÉVÊQUE EST SEUL CHARGÉ PAR LA LOI DE RÉGLER LES OFFICES.

Me de Ramel établira plus loin, nos 44 et suivants, la légalité des processions : nous croyons utile de poser ici cette autre question :

De quelle autorité, civile ou religieuse, relèvent

les processions ? En d'autres termes, qui peut les per_mettre ou les supprimer ?

Il est certain qu'aucune loi française ne donne aux maires la moindre attribution pour régler les exercices du culte, qu'il s'agisse de processions ou d'autres cérémonies, peu importe. Le maire est sans doute une très grande autorité dans la localité, et c'est avec raison que la loi le fait respecter : mais par là même qu'il y a plusieurs cultes reconnus, il convient que le maire n'intervienne pas directement pour régler un culte, car il pourrait se laisser influencer par ses convictions personnelles et favoriser ses coreligionnaires aux dépens des autres. A plus forte raison quand la loi proclame la liberté de conscience, l'autorité du maire doit s'arrêter au seuil des consciences. En effet, avec la puissance énorme dont il dispose, sa conscience pourrait en imposer à la mienne : ce que la loi défend.

D'autre part l'art. 9 de la loi organique est très clair : « Le culte catholique sera exercé sous la direction des archevêques et évêques dans leurs diocèses et sous celle des curés dans leurs paroisses ». Les curés toutefois ne sont pas maîtres absolus, car d'après l'art. 30 de la même loi « ils seront immédiatement soumis aux évêques dans l'exercice de leurs fonctions ». Remarquons ce mot « immédiatement » qui exprime très positivement que personne ne peut s'immiscer entre l'évêque et le curé pour tout ce qui concerne les fonctions curiales.

Ainsi l'évêque est proclamé chef du service religieux par la loi civile elle-même. Lui seul a donc le droit d'interdire ou d'autoriser une cérémonie religieuse; lui seul a le droit légal de supprimer les processions. D'autres pourront sans doute lui exprimer leurs observations, lui faire connaître les obstacles survenus et les inconvénients prévus, mais la loi lui laisse la responsabilité et par conséquent l'autorité pour maintenir ou supprimer, c'est formel. Nos maires qui osent attenter à la liberté de nos processions, feraient bien, avant de les supprimer, de s'instruire de ces lois. Ils y apprendraient à modérer leurs entreprises illégales et arbitraires.

PROCESSIONS REPRISES

17. — LA SITUATION EN 1895

Une nouvelle série d'événements émouvants comme
un drame s'ouvre en 1895.

L'arrêté d'interdiction, il est bon de le rappeler, a
été exactement observé depuis quatorze ans. Cette
longue patience est comptée pour rien : l'échec de la
pétition de 1888, la réponse de M. Dubois en 1893 en
sont preuves bien suffisantes. Les habitants cependant n'ont pas cessé de revendiquer leur liberté religieuse si précieuse à tous les points de vue. Doivent-
ils rester indéfiniment asservis par le caprice et
l'arbitraire ? C'est la question qui s'impose. M. le
Curé se voit dans la nécessité de refouler le courant
de l'opinion ou de le suivre. Il lui semble que son
devoir et son cœur lui font une obligation de le suivre
et même de le diriger.

Il se rend parfaitement compte de l'inextricable
situation dans laquelle il se trouve. Il voit d'un
côté une loi claire, un droit évident, le désir de ses
excellents paroissiens auxquels il serait heureux de
se dévouer. Il voit d'un autre côté un maire obstiné
dans son erreur, rendu plus intraitable par l'espoir

d'adjoindre à sa mauvaise cause toutes les forces de l'Etat. D'une part, la cause de Dieu et l'honneur de la religion le poussent en avant ; d'autre part, ne vaut-il pas mieux, lui répète-t-on, s'assurer la justice du pouvoir, par quelques concessions, que de s'attirer les ennuis de la persécution, en exerçant tous ses droits ? Les années 1894 et 1895 furent, sous ce rapport, des années de lutte intérieure et d'inexprimables angoisses.

18. — FAUT-IL ÊTRE VIOLENT OU TIMIDE

Il est toujours intéressant de lire au fond d'une âme en ces circonstances critiques et d'y suivre les terribles émotions qui s'y succèdent. Comme le dévoué curé nous a un peu ouvert son cœur, nous osons rappeler quelques-unes des impressions cruelles qui ont agité ce cœur et qui ont été longtemps le secret de sa conscience.

« En pareil cas, nous dit M. Bailly, les résolutions violentes se présentent toujours les premières. » Un honnête villageois, assis dans sa maison jouit en paix avec les siens des biens amassés par son travail et son industrie. Un voleur survient et veut enlever ce qui lui plaît. Le brave ouvrier saisit la première arme qui lui tombe sous la main, et frappe sans s'inquiéter s'il brise la tête ou le bras du fripon. Personne ne le blâme ; personne n'aura l'idée qu'il peut être condamné ; chacun se dit au contraire : « à sa place je ferais comme lui. »

C'est une tentation, il faut savoir résister, car la violence appelle la violence. Les curés n'ont pas l'habitude d'employer ces moyens : ils laissent aux autres le soin de faire des émeutes et d'égorger leurs adversaires. On compte peut-être un peu trop sur cette mansuétude du clergé ; peu importe. « Par conviction et par habitude, nous dit le vénéré doyen, je préfère l'occasion de montrer un peu de dévouement à celle d'exercer un peu de vengeance. Le divin maître doit servir de modèle. S'il a montré de l'irritation c'est seulement contre les profanateurs du temple et les hypocrites : quand les soldats l'arrêtent il commande de remettre l'épée dans le fourreau. » Il fut donc facile de réprimer ce premier mouvement d'humeur aigrie et vengeresse.

Mais tout de suite après ces vivacités trop ardentes, l'esprit passe à un excès de pusillanimité. Je vois l'étranger envahir la patrie ; le citoyen désarmé cède, emporte son trésor et se cache avec lui dans une solitude écartée : c'est le meilleur moyen de vivre en paix.

Cette timidité sied mal à un homme de cœur. Un maire d'ailleurs n'est pas un étranger : c'est un voisin, un concitoyen ; chaque curé voit en lui un Français, désire s'accorder avec lui. Le bien exposé ici est un droit, une liberté ; le droit et la liberté de tous les fidèles et de tous les citoyens. La liberté qui se cache ne diffère pas de l'esclavage ; le droit qui ne peut plus se montrer n'existe plus. Enfin nous ne sommes pas des vaincus, nous sommes seulement des résignés : peut-être qu'en montrant du cœur nous trouverons des sympathies et des défenseurs. Il faut donc lever le front, passer dans la rue, et montrer par cet acte que la liberté inscrite dans la loi n'est pas un mot vide de sens. « Ce raisonnement fit sur moi une étrange impression dit le bon pasteur, et resta profondément gravé dans mon esprit.

19. — IL FAUT ÊTRE LIBRE AVEC DOUCEUR

« Mais voici qui fit une impression bien plus pénétrante encore. L'apologue suivant représente et résume assez bien toute une suite de réflexions. « — Un homme dont les habits, la démarche, la gravité, toute l'attitude indiquent une certaine dignité et une incontestable puissance, s'avance vers moi : son abord est gracieux, il parle en ami. Quand il est près de moi, il pose doucement sa main sur mon visage, appuie fortement sur la bouche et les narines et m'empêche de respirer. En un instant ma poitrine est oppressée, mes veines se gonflent, mes nerfs se tendent : c'est un affreux cauchemar. Je veux le repousser, et aussitôt je n'ose le faire parce que cet homme parle comme un ami. « Est-ce donc de l'amitié de vouloir m'étouffer ». J'allais lui briser le poignet, et aussitôt je m'arrête encore, car il est puissant et promet sa protection. Mais ma poitrine n'y tient plus : « Je n'ai que faire d'une protection qui m'étrangle ». Un mouvement nerveux me fait secouer la tête ; l'air pénètre dans mes poumons angoissés ; je respire, je marche de nouveau, je reprends une vie qui allait m'échapper, et il me semble que l'Eglise de France devrait agir ainsi.

« Ma résolution est bientôt prise, ajoute M. Bailly. J'ai le droit de sortir, je sortirai. Le culte est libre, je ne laisserai pas étouffer cette liberté. J'y mettrai, autant que je pourrai, la douceur et la calme persévérance de mon bon Maître ». Jésus Christ, en effet, avait donné l'exemple d'agir ainsi. Les Pharisiens lui reprochaient de guérir le jour du sabbat, et, malgré leurs reproches, il continuait d'être l'ami dévoué et le doux bienfaiteur de tous ceux qui lui accordaient quelque confiance. Les politiques Hérodiens et les Scribes l'accusaient de séduire le peuple, et, malgré leurs accusations calomnieuses, le doux Sauveur ne cessait d'instruire les foules et de leur apprendre le respect de leur dignité personnelle, et en même temps la soumission aux ordres légitimes du pouvoir.

20. — L'ÉVÊQUE N'EST PAS CONSULTÉ

Nous posons encore cette question.

Cette décision a certainement obtenu l'approbation de votre évêque ?

« Je me suis peut-être trompé, mais il m'a semblé meilleur de ne pas la solliciter. J'y ai réfléchi longtemps. Voici mes motifs. Je savais parfaitement à quoi je m'exposais, car je connaissais les intentions des adversaires de la cause que je dois soutenir, et leur ténacité. Mon évêque ne voudrait pas me commander une action qui m'exposerait à la prison, sans compter les autres pénalités. D'autre part, il ne voudrait pas non plus, lui défenseur né des droits et de la liberté de l'Eglise, m'empêcher d'user des droits et de la liberté que les lois les plus formelles nous reconnaissent. En me poussant en avant, il s'exposerait à la vindicte du pouvoir autant que moi; je n'en voyais pas l'utilité. En me retenant, il déconcerterait et affligerait tant d'âmes généreuses qui proclament très haut la nécessité de la lutte pour secouer le joug avilissant qu'on nous impose. Le questionner c'était donc lui créer une situation difficile et peut-être de grands embarras. En agissant seul, je ne cessais pas d'être obéissant parce que je restais tout à la fois dans la limite des lois canoniques et des lois civiles qui, les unes et les autres, nous permettent bien de revendiquer les droits et les libertés qu'elles nous garantissent, comme catholiques et comme citoyens. Je ne cessais donc pas d'être soumis et respectueux de l'autorité puisque je restais dans le droit. »

21. — PROCESSION DU 15 AOUT 1895

Ceci nous amène à 1895, et à la fête de l'Assomption. C'est à pareil jour, il y a quatorze ans, que la liberté des processions fût proscrite à Donzy pour la première fois ; c'est en ce même jour que cette liberté veut briser ses chaînes, reprendre son droit naturel et légal, et réapparaître en public radieuse et libre à tous les yeux. Le brave curé en donne cette raison avec beaucoup de simplicité : « En ville ne sommes nous pas chez nous ? Et chez nous ne devons nous pas être libres, libres comme tout le monde ? C'est donc en ville que notre procession va se déployer. » — La croix et les bannières s'avancent ; le peuple suit ; un peuple au complet, pieux, épanoui, heureux de chanter et de prier au grand jour. C'est un vrai triomphe ; la procession suit le parcours accoutumé ; la police qui n'avait pu prévoir n'a pas paru ; les manifestations, au lieu d'être fâcheuses, ont toutes été sympathiques et gracieuses. Plusieurs, qu'on aurait pu croire non pas hostiles (il n'y a pas d'hostilité contre la religion à Donzy), mais indifférents, paraissent heureux de s'unir à la joie et à la prière communes.

Ce fait si encourageant pour les bons fidèles, si consolant pour le pieux pasteur, était pourtant bien naturel. Quand l'hiver approche nous prenons nos précautions contre le froid, mais tout en doublant nos habits et nos couvertures, nous pensons au printemps prochain et à la joie de revoir le chaud soleil de l'été. Il en est de même devant la persécution : Tous ceux qui ne se croient pas obligés à lutter, s'enveloppent d'apparences étudiées plus ou moins trompeuses, pour écarter la froideur ou les ressentiments des puissants ; mais au fond ils soupirent après la liberté et ils s'épanouissent quand ils la croient venue ; tant est vraie la parole de Jésus-Christ : « l'homme ne vit pas seulement de pain » ; son âme a besoin d'être en rapport avec Dieu. — Cette procession du jeudi 15 août fut une de ces douces et pures satisfactions d'espérance réalisée.

22. — TAMBOUR ET LETTRE DU PRÉFET : 18 AOUT 1896

Le soir on nomme un très petit nombre de mécontents ; le lendemain vendredi on annonce un orage ; le dimanche le tambour de ville résonne avec un éclat particulier, pour publier de carrefour en carrefour la lettre suivante : c'est grave, car c'est une lettre de M. le Préfet concernant les processions :

« Nevers, le 16 août 1895

« Mon cher Sous-Préfet,

« Monsieur le maire de Donzy n'a pour cette fois qu'à faire dresser procès-verbal contre le curé de Donzy et son vicaire, pour infraction à l'arrêté municipal du 17 mars 1882 portant interdiction des processions sur le territoire de la commune. Je signale aujourd'hui même cette affaire à *l'évêque* en lui demandant de rappeler *sévèrement son curé* au respect de la loi, et de donner des ordres pour que semblable manifestation ne puisse se renouveler nulle part, pas plus à Donzy qu'ailleurs.

« Si le fait venait à se reproduire, le moyen le plus simple et le plus sûr serait de faire dresser une nouvelle contravention qui constituerait, pour le délinquant, un cas de prison, auquel le curé de Donzy ne voudra pas s'exposer de gaité de cœur.

« Je vous prie de veiller à ce que la contravention d'hier ne soit pas lettre morte, et qu'il y soit donné suite.

« Agréez... etc.

« Le Préfet,

« *Signé* : MARCHESSOU.

POUR COPIE CONFORME :

« Le Maire, DUBOIS. »

23. — CONSÉQUENCES DE LA LETTRE POUR LE CURÉ, POUR LE MAIRE, POUR LA CAUSE

On devine aisément ce qui s'est passé. Le préfet, consulté ou conseillé par le maire de Donzy, oublie, au moins pour un moment, le procédé habituel des autorités bienfaisantes qui est d'étudier un conflit, de calmer les susceptibilités locales, d'adoucir les aigreurs personnelles, et de chercher une solution acceptable pour les deux partis. Il écrit cette lettre menaçante ; il jette de l'huile sur le feu, comme disent les profanes, et lance ainsi le conflit de Donzy dans une crise aiguë et irrémédiable. — Le curé en effet qui a patienté pendant quatorze ans, qui a essayé les moyens conciliants par une pétition en 1888 et une lettre en 1893, engagerait de nouvelles négociations avec un interlocuteur disposé à raisonner.

Ainsi provoqué, dépité (qu'on nous pardonne ce terme vulgaire) il se trouve dans l'inévitable alternative ou de montrer son courage et sa loyauté en continuant, ou de paraître lâche en cédant devant la menace de prison. Être lâche ! il espère bien ne l'être jamais.

M. Marchessou, on l'a dit au moins, reçut bientôt l'ordre d'appliquer son ardeur très juvénile à des fonctions mieux en rapport avec ses aptitudes tranchantes.

En réalité, nous ignorons les intentions du Gouvernement, mais nous regardons le changement de ce préfet comme un acte de sagesse.

Le retentissement sonore du tambour autoriserait ici quelques intempérances de langage. A quoi bon ?

Les procédés étranges de ces administrateurs, qui ne se contentent pas d'usurper les fonctions de la justice, mais condamnent à l'avance, ont été assez remarqués. Ceux qui accusent le bon doyen d'hostilité ont ainsi mis en relief leur animosité irréfléchie pour rendre ridicule et méprisable ce prêtre jusque-là respecté. Heureusement l'estime, l'affection et l'honneur mérités par une constante fidélité à tous ses devoirs ne dépendent pas d'un bruit de grosse caisse. L'effet fut bien insignifiant.

Cependant, nous nous autorisons de ce tintamarre pour porter paisiblement la même cause devant le calme tribunal du bon sens public. La Constitution et les lois nous donnent ce droit ; les hommes habiles à gouverner l'ont souvent proclamé, et le Chef de l'Etat lui-même le disait récemment avec une haute compétence : « Personne n'a le droit de se plaindre « sous un gouvernement libéral ; car tous nous avons « la faculté de pouvoir prendre la parole pour défen- « dre nos intérêts, lorsque ces intérêts restent dans « la limite de la justice et de l'équité. » *Félix Faure*, banquet de Valence du 1er août 1897.

N'est-ce pas justice que les bons fidèles aient la liberté de passer dans la rue comme les autres citoyens et d'y montrer leur religion comme les autres y montrent leurs passions ou leurs plaisirs ? — Cette liberté n'est-elle pas équitable puisqu'elle ne nuit à personne ?

24. — LETTRE DE Mgr LELONG

Nous n'avons pu trouver la lettre de M. le Préfet à Mgr l'Evêque de Nevers ; mais les journaux ont publié la réponse de Mgr Lelong, en faisant remarquer la force du raisonnement et la douceur du langage avec lequel il soutient son opinion :

« Monsieur le Préfet,

« Par votre lettre en date du 16 août, vous avez appelé mon attention sur le fait d'une procession qui avait eu lieu la veille dans la paroisse de Donzy.

« Vous écriviez en même temps à M. le Sous-Préfet de Cosne : « Je signale aujourd'hui même cette affaire à l'Evêque, en lui demandant de rappeler sévèrement son curé au respect de la loi et de donner des ordres pour que semblable manifestation ne puisse se renouveler nulle part, pas plus à Donzy qu'ailleurs. »

« Personne n'a pu ignorer cette mise en demeure un peu insolite, puisque votre lettre a été publiée à son de caisse dans toute la ville de Donzy.

« Je regrette d'autant plus la publicité bruyante donnée par M. le Maire de cette ville à votre réclamation, qu'il ne m'est pas possible d'y faire droit.

« L'interdiction des processions dans des localités dont les habitants sont tous ou presque tous catholiques m'a toujours paru un véritable abus de pouvoir, un acte de tracasserie arbitraire et illégal. Outre qu'elle est en opposition avec le fameux principe de liberté qui domine en droit nos institutions, elle va directement à l'encontre de l'article du Concordat qui garantit à la religion catholique, en France, l'exercice public de son culte. De plus, elle est de nature à contrister et à blesser dans leurs convictions les plus chères et les plus respectables nos religieuses populations. On les prive, pour faire plaisir à quelques libres-penseurs, de cérémonies auxquelles elles tiennent, alors qu'à chaque instant elles voient la liberté qu'on leur refuse accordée à des manifestations parfois tapageuses et encombrantes.

« Telle étant ma manière de voir, je ne puis évidemment blâmer M. le Curé de Donzy d'avoir cédé aux légitimes réclamations de l'opinion publique et donné à ses paroissiens, qu'il aime comme il en est aimé, la satisfaction dont ils se plaignent, à juste titre, d'être si injustement et depuis si longtemps dépossédés.

« Le mieux, pour éviter tout conflit à l'avenir, serait que M. le Maire de Donzy et ceux de ses collègues qui se trouveraient dans le même cas comprissent qu'il est temps de mettre un terme à ces mesquines persécutions. Leur donner ce conseil serait, je crois, leur rendre un très grand service.

« Agréez, Monsieur le Préfet, l'assurance de mes sentiments respectueux.

» † ETIENNE,

» *Evêque de Nevers.* »

25. — AUDIENCE DU 24 AOUT 1895

Quant au Maire, il obéit ponctuellement à l'ordre préfectoral, et le 24 août le curé de Donzy et son vicaire comparaissaient devant le suppléant du juge de paix : M. Berton. De nombreux paroissiens les ont suivis dans la salle d'audience.

M. le Curé donne lecture d'une déclaration solidement motivée : les processions, dit-il en substance, sont bien légitimes en elles-mêmes ; la population les veut ; la loi concordataire les autorise ; elles ne sont interdites par le gouvernement que dans les villes ou il y a des temples destinés à des cultes différents. D'autre part, les raisons qu'invoque l'arrêté du Maire ne sont qu'imaginaires et de nulle valeur.

Mais le siège des juges était fait. L'organe du ministère public, M. Paley, sans répondre à aucun de ces arguments si décisifs, requiert l'application *sévère* de la loi et le juge condamne M. le Doyen de Donzy au maximum de la peine ; cinq francs d'amende, et son vicaire, M. Cassan, à trois francs.

Prêtres et fidèles sortirent joyeux et bien résolus pour l'avenir. Le curé de Donzy, n'avait point soulevé la question préjudicielle, en demandant au juge de simple police de surseoir à juger, comme il le fera ultérieurement, en saisissant le conseil d'Etat ; il convenait de laisser au premier juge à se prononcer. Il ne fit pas appel de ce jugement.

26. — PROCESSION DU 7 JUIN 1896
ORDRE INACCOUTUMÉ

Les mois se sont succédé. Nous voici en 1896 et aux solennités de la Fête-Dieu ; la question des processions se pose à nouveau. On se souvient du procès et de la condamnation du 24 août précédent. Les timides hésitent, les braves se déclarent prêts, les prudents redoutent des ennuis, les sages avisent aux moyens de les prévenir.

Le droit de tous à la liberté, l'honneur dù au Dieu

de l'Eucharistie, l'assurance que tout se passera avec ordre et édification imposent la conduite à tenir : la procession est résolue.

Elle est annoncée dès la première messe ; bientôt tout le monde en est instruit. La grand'messe est achevée ; c'est le moment de sortir. Mais la brigade de gendarmerie attend au dehors. La plupart des fidèles le savent ; aussi une vive émotion règne parmi les assistants. Que faire ? ne faudra-t-il pas céder devant la force ? Si comme à l'ordinaire, les enfants, les femmes défilent les premiers, la vue des gendarmes les effraiera ; un ordre, un signe suffiront à les disperser : au lieu d'une procession, ce sera une déroute générale.

Cependant M. le Curé ne paraît pas inquiet : « Ecoutez, dit-il à l'assistance ; nous allons faire notre procession, dans un ordre inaccoutumé : je marcherai le premier, à la suite de la croix et du clergé, portant le très saint Sacrement.

Les hommes viendront les premiers, marchant trois par trois de front ; les femmes suivront dans le même ordre. Je recommande à tous le recueillement et le calme. »

On se sent rassuré. Les chants sacrés commencent ; les cloches sonnent à toute volée ; le prêtre descend de l'autel, traverse la foule agenouillée devant le Dieu qu'il porte en triomphe. Chacun se met à son rang : hommes et femmes. Déjà le dais arrive à la première marche du grand escalier, le brigadier de gendarmerie, visiblement ému, s'avance près du célébrant et prononce quelques mots que les assistants n'entendent pas, et il se retire aussitôt. Il l'invitait sans doute à s'arrêter ou lui déclarait procès-verbal, s'il persistait. Arrête-t-on le Dieu des armées? Son ministre, qui n'a pas suspendu sa marche, continue. Durant ce temps, les enfants des frères et des sœurs, leurs brillantes oriflammes à la main, sortent par la porte latérale et viennent se placer devant la croix. Il nous semble voir les enfants de la Judée précédant et acclamant Notre Seigneur à son entrée triomphante à Jérusalem.

27. — PIÉTÉ DE TOUS ET TRIOMPHE DE N. S.
7 JUIN 1896

N'est-ce pas ici un vrai triomphe pour Notre Seigneur, au très saint Sacrement ? Voyez plutôt cette foule immense : cette marche imposante de deux cents hommes, s'avançant dans un ordre bien régulier; cette file interminable de femmes et de jeunes filles ; embrassez du regard ce spectacle unique, constatez le silence et le recueillement de ceux qui forment la procession, le calme, le respect de ceux qui contemplent cet admirable défilé ; remarquez ces visages épanouis, ces fronts rayonnants de joie ; jamais procession plus belle ! cérémonie plus émouvante !

Il s'est écoulé près d'une heure ; le religieux cortège, après avoir parcouru les principales rues, rentre à l'église. Prêtre du Seigneur, élevez maintenant l'ostensoir d'or sur cette foule prosternée ; faites descendre toutes les bénédictions du Dieu de l'Eucharistie, sur ce bon peuple qui vient de témoigner si hautement à son Dieu son amour et sa foi. Un souffle du Ciel agitait doucement les âmes ; les assistants se retiraient ravis, enthousiasmés. Le souvenir de cette journée est de ceux qui ne s'effacent jamais.

28. — AUDIENCE DU 13 JUIN 1896 (MAINTENIR L'ORDRE N'EST PAS SUPPRIMER).

Il faut une certaine ténacité, dans la haine anti. religieuse, pour oser interdire d'abord, poursuivre ensuite une manifestation aussi légitime et aussi chère à tout un peuple. Le sens moral peut-il s'oblitérer au point de ne pas sentir, qu'en citant à comparaître devant la justice, le prêtre qui a présidé à cette religieuse cérémonie, c'est tout le peuple qui a manifesté, qu'on traîne avec lui devant le tribunal.

Citation fut donc donnée à M. le Curé doyen de Donzy, d'avoir à comparaître, le samedi 13 juin, au tribunal de simple police, pour délit de procession.

Voici qu'il arrive accompagné de son vicaire et de quelques ecclésiastiques. La foule l'a devancé, ou le suit ; la salle d'audience est insuffisante à la contenir.

Monsieur le Curé présente lui-même sa défense. Les bonnes causes sont faciles à défendre, mais parfois difficiles à gagner. M. l'abbé Bailly expose avec clarté et précision, mais en les accentuant davantage, les motifs sur lesquels il avait déjà appuyé sa déclaration relative à son premier procès (24 août 1895) ; nous résumons :

Le maire n'a pas le pouvoir de déroger au Concordat qui nous garantit la liberté ; il peut faire des réglements de police dans la limite de ses attributions ; la loi municipale énumère en détail tout ce qu'il peut ;

mais aucune de ses dispositions ne lui confère le droit d'interdire une cérémonie religieuse, pas plus qu'elle ne lui reconnaît le pouvoir de supprimer, par exemple, les assemblées, foires, marchés, réjouissances, cérémonies publiques ; son autorité se borne à prendre des mesures *d'ordre* et ne va pas jusqu'à *supprimer*. (L. mun. 1884. art. 97).

L'arrêté du Maire qui nous interdit les processions n'a pas de base légale ; d'autre part, il invoque des motifs controuvés : ni le curé n'a été hostile, comme il l'affirme à tort, ni la tranquilité publique n'est en cause.

Un tel arrêté ne peut servir à asseoir une condamnation.

29. — APPEL AU CONSEIL D'ÉTAT ET EN CASSATION

Puis M. le Curé de Donzy formule ainsi ses conclusions :

« Le curé de Donzy,

« Attendu que l'arrêté qui interdit les processions vise directement la personne du curé de Donzy et, de sa part, une hostilité qu'il repousse ;

« Attendu que cet arrêté est moins une mesure d'ordre et de police qu'un acte de représailles ;

« Attendu d'autre part que cet arrêté est contraire à l'article 1er du Concordat, et à ce titre aussi, entaché d'abus ;

« Conclut :

« A ce qu'il soit sursis au jugement du fond, par

M. le Juge de paix, jusqu'à ce que le gouvernement, en son Conseil d'Etat, ait statué sur la question préjudicielle qu'il soulève. »

M. le Juge de paix Usquin, n'admet pas ces conclusions et faisant application de l'article 471 du Code pénal, avec circonstances atténuantes, il condamne M. le Curé à 5 francs d'amende. Il faut rendre justice à la modération dont M. Usquin fit preuve : on sentait qu'il condamnait à regret. L'organe du ministère public, M. Paley, n'avait pas requis, comme au précédent procès l'application *sévère de la loi*. A la sortie, M. l'abbé Bailly est entouré, chaleureusement félicité. Il était condamné, mais on sentait qu'il devait être absous, ou tout au moins qu'il eut fallu, selon ses conclusions, si bien motivées, surseoir à juger.

Le curé de Donzy avait trois jours pour en appeler de ce jugement : il introduisit son pourvoi en cassation, au sortir de l'audience.

30. — PROCESSION DU 14 JUIN 1896

Un mot avait été dit qui fut aussitôt répété comme un mot de ralliement : A demain ! Oui, à demain notre nouvelle procession ! Cette fois, il n'y a pas la moindre hésitation ; tous la veulent ou l'attendent, cette seconde procession du Saint-Sacrement.

Selon l'usage de l'église c'est après vêpres qu'elle aura lieu. Elle se fit aussi belle, aussi imposante que la procession du dimanche précédent. C'est le même ordre, le même entrain que nous admirons ; la même joie dans la prière, le même accent de foi dans les hymnes sacrées. C'est aussi partout le même silence et le même respect. De nouveau, la gendarmerie était apparue, avait déclaré procès-verbal. Ce n'était qu'un simple incident dont personne ne s'émut.

La population de Donzy, forte de son droit à la liberté, son curé en tête, allait de l'avant. De son côté, la justice allait continuer son œuvre étrange de poursuites et de condamnations.

Nouvelle assignation est donnée à M. le Doyen de Donzy de comparaître, le samedi 27 juin, devant le tribunal de simple police. Notons que quelques jours auparavant, M. Usquin, pour protester sans doute, avait donné sa démission. C'est M. Berton, son suppléant qui occupe le siège du juge ; M. Paley remplit l'office de ministère public.

31. — AUDIENCE DU 27 JUIN

Cette fois M. le Curé est assisté de Me de Las Cases, avocat près la Cour d'appel de Paris, qui doit présenter la défense. L'intérêt qui s'attache à la cause et à la personne de l'accusé, la réputation de l'éloquent avocat ont attiré une foule sympathique qui reflue de la salle d'audience dans les couloirs et jusque sur la place.

Me de Las Cases donne lecture de ses conclusions et les remet à la barre du tribunal ; on ne les lira pas sans intérêt.

« Plaise au tribunal

« Attendu que l'article 1er du Concordat déclare que
« la religion catholique, apostolique et romaine sera
« librement exercée en France et que son culte sera

« public, en se conformant aux règlements de police
« que le gouvernement jugera nécessaires, pour la
« tranquilité publique ; »

Attendu que le gouvernement a lui-même, dans sa
loi de germinal an X, réglé les conditions du culte
public extérieur, en statuant, art. 45, « qu'aucune
« cérémonie n'aura lieu hors des édifices consacrés au
« culte catholique, dans les villes où il y a des tem-
« ples destinés à des cultes différents ; »

« Attendu qu'il n'y a, à Donzy, aucun temple de
culte dissident et qu'en faisant la procession traditionnelle et séculaire de la Fête-Dieu, le curé de
Donzy n'a fait qu'user d'un droit consacré par le
Concordat et reconnu par l'article précité de la loi de
germinal ; »

« Attendu que le maire n'a pas le droit, par un
arrêté émanant de sa simple autorité, de porter atteinte
aux libertés reconnues par le Concordat ; qu'il a
encore moins ce droit quand, pour se l'arroger, il se
base sur des motifs d'hostilité prétendue entre lui et
le curé, ainsi que sur la possibilité, purement
imaginaire, de manifestations de nature à troubler
la tranquilité publique.

32. — INCOMPÉTENCE DU JUGE DE PAIX

« Attendu que M. le Juge de paix de Donzy ne
peut condamner M. l'abbé Bailly, pour avoir contre-
venu à un arrêté dont la légalité est contestée sans,
par ce fait, juger la légalité même du dit arrêté ;

« Attendu que M. le Juge de paix est incompétent
pour statuer sur cette question préjudicielle ;

que c'est au Conseil d'Etat seul qu'il convient de la trancher ; que la loi du XVIII germinal an X, art. 7 est formelle et déclare « qu'il y aura pareille-« ment recours au Conseil d'Etat s'il est porté atteinte « à l'exercice publique du culte et à la liberté que les « lois et règlements garantissent à ses ministres » ;

« Attendu dès lors que M. le Juge de paix doit surseoir à statuer jusqu'à ce que le Conseil d'Etat se fut prononcé ;

« Attendu que telle est la doctrine de la Cour de Cassation, qui l'a encore confirmé dans un récent arrêt, rendu par la Chambre Criminelle, le 15 mai 1896, et annulant un jugement rendu au tribunal de simple police de Condrieu (Rhône) dans des circonstances identiques ;

Pour ces motifs :

« Donner acte au curé de Donzy des précédentes conclusions ;

« Surseoir à juger au fond jusqu'à ce que le Conseil d'Etat ait statué sur la valeur légale de l'arrêté du maire de Donzy.

« En justice, le 27 juin 1897.

« *Signé* : BAILLY, curé doyen de Donzy ».

Et M° de Las Cases développe ses conclusions avec une logique irrésistible ; il présente avec autant de verve que de solidité l'argument décisif.

La remarquable plaidoirie achevée, il reste bien établi que la publicité du culte catholique est un droit basé sur la loi ; que ce droit, si le gouvernement peut le réglementer, il ne peut le supprimer sans violer le Concordat qui le lie, vis-à-vis de l'Eglise ; que le maire, qui ne peut prétendre personnifier le gouvernement, fait un acte abusif, au premier chef, quand il entreprend de supprimer une liberté garantie par la loi concordataire ; qu'en l'espèce, les motifs *d'hostilité* de la part du curé de Donzy, *de troubles* à prévenir du côté des habitants sont dénués de tout fondement.

L'arrêté du maire de Donzy, interdisant les processions, ne saurait donc avoir de valeur légale. En tout cas, aux termes de l'art. 7 des articles organiques, c'est au Conseil d'Etat seul qu'il appartient de statuer sur sa légalité : jusqu'à sa décision, le juge de simple police doit surseoir à juger au fond.

33. — CONDAMNATION A LA PRISON

Pourquoi parler du réquisitoire ?

M, Paley, laissant intacts les motifs de la défense, réédite la prétendue hostilité de M. le Curé, et requiert l'application rigoureuse de la loi. D'un mot M. l'abbé Bailly met à néant ce vieux cliché : « Cette hostilité, vous l'invoquez sans cesse, M. Paley, essayez donc une bonne fois de la prouver. »

Les débats sont clos. On n'attend plus que la sentence. M. Berton condamne M. le Doyen de Donzy à 5 fr. d'amende et à deux jours de prison.

Suit un moment de silence et d'étonnement. Puis la foule émue entoure M. le Curé, le félicite, lui presse les mains ; chacun veut lui dire un mot. Il remercie, répond à tous ; il paraît heureux comme d'une victoire.

La prison ! Ce mot jette du froid dans les âmes ; plus on le redit, moins on le comprend. La prison ! est-ce donc un crime pour le prêtre de porter le Saint-Sacrement en public ?

Jusqu'aux ennemis des processions qui sont ennuyés de cette affaire. « Il a été condamné, disent-ils, mais il ne *la fera pas sa prison !* »

34. — SUPPRESSION DU TRAITEMENT, 25 JUIN 1896. — CE QUI ÉTONNE DANS CETTE DÉCISION. — LOIS CONTRAIRES.

Ils avouaient donc que c'est trop fort. Mais, auparavant, M. le Ministre des Cultes a craint une sentence trop bénigne, et, imitant la tactique militaire dans ce qu'elle a de plus impitoyable, il a fait ce que fait une armée en campagne devant une citadelle qui résiste trop courageusement : elle investit et réduit par la famine une garnison qu'elle ne peut dompter par sa valeur. Procès et condamnations, amendes et prison semblent ne pas effrayer ce curé et ne vouloir produire aucun effet sur son courage intrépide ; essayons la faim, *Male suadet fames et turpis egestas,* comme disaient les païens, pour affaiblir ses forces et énerver son cœur. Une décision de M. Rambaud, ministre des Cultes, supprime le traitement de ce prêtre qui a dépensé tout son patrimoine en œuvres utiles à tous, et spécialement utiles aux travailleurs pauvres, c'est-à-dire qu'il le dépouille de tout ce qui lui reste, le prive de son pain, le réduit à l'indigence.

Cette décision est plus qu'étonnante. Monsieur le Ministre, que faites-vous ? Ce prêtre n'est pas encore condamné, son premier procès est pendant en cassation, le second n'est pas jugé, il ne le sera que le 27 juin et vous frappez le 25. Le Conseil d'Etat, comme la Cour de cassation, doit être saisi d'un recours : aucun arrêt n'est encore rendu ; peu importe ! Vous frappez en maître, et la mesure prise est exécutée rigoureusement : le curé de Donzy paiera chaque année, et pour un temps illimité, une amende de 1,500 fr. — N'est-ce pas très fort ?

D'autre part, est-il permis de punir deux fois, de faire payer deux fois pour le même délit ?

Le curé de Donzy est puni deux fois, puisqu'à toutes les autres peines judiciaires, s'ajoute cette peine extrajudiciaire et illimitée de 1,500 fr. par an. Voilà qui est rare dans les annales de la magistrature. N'est-il pas étonnant qu'un français soit ainsi mis hors la loi ? Est-ce parce qu'il est prêtre ?

C'est une confiscation proprement dite. L'histoire atteste que les confiscations ont produit de funestes résultats, laissé de cruels souvenirs et fait peu d'honneur aux autorités qui les ont exercées.

35. — LOIS OPPOSÉES A CETTE SUPPRESSION

Pour justifier ce mot terrible de confiscation et condamner cette suppression du traitement, il suffit de citer les lois qui se rapportent à la matière :

1º La loi du 2-4 novembre 1789 mettant « tous les biens ecclésiastiques à la disposition de la nation, *à la charge de pourvoir d'une manière convenable aux frais du culte, à l'entretien de ses ministres et au soulagement des pauvres* ».

L'Etat, contre cette loi, n'entretient plus le ministre du culte dans une paroisse aussi importante que Donzy.

2º La Constitution de 1791, titre V, art. 2, où se trouve cette déclaration : « *Sous aucun prétexte*, les fonds nécessaires à l'acquittement de la dette nationale et au paiement de la liste civile ne pourront être ni refusés, ni suspendus. — Le traitement des ministres du culte catholique pensionnés, conservés, élus ou nommés en vertu des décrets de l'Assemblée nationale constituante, *fait partie de la dette nationale* ».

Et malgré cet engagement solennel, le traitement du ministre du culte catholique, régulièrement nommé à Donzy par l'Etat aussi bien que par l'Evêque, est supprimé.

3º L'arrêté des Consuls de la République du 18 nivôse an XI promulguant, art. 1er : « Les traitements ecclésiastiques sont insaisissables dans leur totalité ». Et des traitements sont saisis, non pas en partie, mais en totalité, et cela sans aucune décision de justice.

4º Le décret du 17 novembre 1811 qui conserve intégralement le traitement des curés éloignés de leur poste pour cause d'indignité ou de maladie, sauf à prendre sur ce traitement l'indemnité allouée à celui qui remplit leurs fonctions, et l'art. 27 du décret du 6 novembre 1813, qui « pourvoit de la même manière à l'indemnité du remplaçant provisoire de tout curé ou desservant éloigné du service par suspension ou peine canonique, par maladie ou par voie de police », et maintient le traitement de l'absent sous cette réserve. — Nous n'avons à Donzy ni absence, ni refus de service.

5º Les lois de finance du 23 avril 1833, art. 8 et du 29 décembre 1876 art. 13, déclarent que le paiement du mandat ne sera accordé qu'aux ecclésiastiques résidents à leur poste et exerçant leur ministère. Or M. Bailly réside et exerce ses fonctions avec un complet dévouement, tous le reconnaissent.

L'art. 70 de la loi organique du 18 germinal an X ne peut donc être appliqué à ce curé.

C'est le seul article de nos lois, à notre connaissance, qui parle de suppression de traitement. « Tout ecclésiastiqué pensionnaire de l'Etat sera privé de sa pension, s'il refuse, sans cause légitime, les fonctions qui pourront lui être confiées. » M. Bailly n'a pas refusé.

Aucune loi ne prescrit la suppression du traitement ; aucune loi ne la permet envers un prêtre fidèle à son devoir de curé. Tous les journaux même les plus favorables à l'Etat et les plus hostiles à l'Eglise l'ont reconnu.

Les Débats, si habiles à défendre nos ministres, ont écrit (avril 1892) : « quand le ministre des cultes inflige de sa propre autorité une peine disciplinaire qui est une véritable amende et qu'aucune loi n'a prévue, il fait un acte d'arbitraire. »

36. — L'AVIS DU CONSEIL D'ÉTAT DU 26 AVRIL 1883

Le gouvernement, nous le savons bien, s'autorise d'un avis du conseil d'Etat du 26 avril 1883, avis qui affirme « le droit du gouvernement de suspendre ou de supprimer les traitements ecclésiastiques par mesure disciplinaire. » Un avis du conseil d'Etat n'étant

pas une loi nous allons nous permettre de le criti-
quer ce qui ne sera pas manquer de respect à la majesté de la loi.

1º Cet avis ne peut pas avoir autorité pour changer
les lois régulièrement établies comme celles que nous
venons de citer. Le conseil n'est pas législateur ; il
est seulement interprète des lois.

2º Cet avis n'a ni le droit ni l'intention de changer
les principes fondamentaux de notre droit public
français, spécialement l'égalité de tous les citoyens
devant la loi et le privilège de tout citoyen français
de ne pouvoir être puni sans l'examen de sa cause
devant les tribunaux et la sentence des juges. Le
Conseil d'Etat est au contraire le gardien de ces droits
fondamentaux.

3º L'avis s'appuie de l'autorité du Concordat ; mais
le Concordat prenait la France telle qu'elle était à
l'époque où il a été conclu avec ses lois constitution-
nelles que nous venons de rappeler.

4º L'avis semble oublier complètement que par
l'art. 14 du Concordat le gouvernement se charge « de
l'entretien convenable » des ministres du culte,
« *sustentationem quæ cujusque statum deceat.* » Comment concilier ces paroles avec la suppression complète qui est une vraie condamnation à la mort par la
faim.

5º L'avis fait dire à l'art. 16 du Concordat ce qu'il
ne dit pas : « les droits et prérogatives autrefois
exercés par les rois de France. » Tandis qu'il y a
« droits et prérogatives auprès du St-Siège », « *jura et
privilegia apud Sanctam Sedem*» c'est-à-dire que Bona-
parte voulait avoir à Rome la situation, les honneurs,

les préséances, le rang accordés à Louis XIV. **M. La**ferrière le fit observer, les conseillers le reconnurent, mais comme l'avis était déjà voté, il ne fut pas retiré. *Le Monde* a raconté le fait dans son numéro du 3 décembre 1885 et aucun démenti n'est venu à notre connaissance.

6⁰ Quand l'ancien régime opérait la saisie du temporel il ne saisissait pas la totalité.

7° Un décret de décembre 1897 stipule. comme mesure disciplinaire contre les employés de l'administration des cultes, art. 14 « la retenue *de la moitié du traitement au plus* pour une durée qui *n'excédera pas deux mois.* » Pourquoi cette sollicitude très-raisonnable pour les employés des bureaux des cultes et cette rigueur impitoyable pour les ministres du culte ?

Enfin on verra au n° 40 l'appréciation d'un de nos plus habiles chefs de parti républicain.

37. — CE QUI SURPREND DE LA PART DE M. RAMBAUD

Depuis quelques années un certain nombre de ministres ont usé assez facilement de ce procédé rigoureux à l'égard du clergé, et ces ministres ont affirmé leur pouvoir et leur volonté ; ils n'ont apporté aucune raison qui justifie cette confiscation de propriété. Mais de la part de M. Rambaud ce procédé doit surprendre davantage : on nous permettra de dire pourquoi.

Dans une histoire de Russie, très étudiée et très intéressante, M. Rambaud laisse voir les convictions et les désirs qui passionnent son âme. Vers la fin du règne d'Alexandre Ier il rappelle les impressions rapportées de France par l'armée d'invasion. « L'esprit de justice, le respect de la personne humaine avaient fait de grands progrès ; » mais les cœurs se déchiraient « en pensant que tout cela serait peut-être étouffé. » Et l'historien ajoute cette noble déclaration : « Ces âmes généreuses souffraient de voir l'arbitraire « régner souverainement du haut en bas de la société « russe, dans les rapports de l'autocrate avec la na- « tion, des fonctionnaires avec leurs administrés... « Ils s'indignaient de voir le peuple russe, seul en « Europe déshonoré par le servage de la glèbe, par « l'esclavage domestique, ces legs honteux de l'an- « cienne barbarie slave et du joug tartar, cette igno- « minie asiatique qui continuait à souiller un peuple « chrétien. » Hist. de Russie, ch. XXXV. p. 627.

Et plus loin à propos des réponses d'Alexandre II, M. Rambaud demande avec les libéraux russes « les « franchises les plus élémentaires, la sécurité, l'in- « violabilité de la personne, la substitution des tri- « bunaux à la police ». Ch. XXXVIII, p. 750.

Comment l'historien qui a fait cette déclaration honorable ne l'a-t-il pas remarqué ? Son procédé envers M. Bailly déshonore un français comme un serf qui n'a pas de droit. La suppression de traitement a-t-elle été décidée par les tribunaux ? La personne et les droits du vénérable doyen ont-ils été inviolables devant la volonté toute puissante du ministre ?

38. — L'EXCUSE DE M. RAMBAUD

Et cependant nous croyons que M. Rambaud a droit

d'invoquer les circonstances atténuantes et même de présenter certaines excuses. Quand il est arrivé au ministère, la cause de Donzy était engagée depuis quelque temps déjà par un autre ministre. Les positions du gouvernement étaient prises, et les jalons plantés. Un ministère qui succède à un autre ne peut pas, comme l'héritier d'une succession inquiétante, accepter sous bénéfice d'inventaire, et repousser ce qui le contrarie. Les nouveaux ministres doivent absolument prendre la situation telle qu'elle existe, avec ses embarras comme avec ses avantages. D'autre part il est difficile à un ministre d'étudier à fond chaque question. M. Rambaud a dû ici accepter et suivre les indications de M. Dumez, grand directeur des cultes.

39 — LE CLERGÉ HORS LA LOI

Après ces observations, peut-être trop favorables à M. Rambaud, on nous permettra de signaler ici la profonde différence des procédés employés vis-à-vis d'un prêtre et des procédés employés vis-à-vis des autres accusés, fussent-ils les plus misérables criminels.

D'après la loi française, toute accusation doit être suivie de la défense de l'accusé. Celui-ci est prévenu de la charge qui lui a fait perdre la liberté, qui menace de déshonorer son nom, ou qui l'expose à une amende. Ses juges l'invitent à produire sa défense, lui permettent de choisir un juriste plus capable que lui de répondre à ses accusateurs, et, s'il est tellement misérable ou criminel qu'il ne puisse intéresser personne à sa mauvaise cause, on lui donne un défenseur d'office. Ses juges n'oseraient pas, ne voudraient pas le condamner s'il n'était pas défendu, tellement la loi française respecte les droits du citoyen et jusqu'à la plus petite probabilité d'innocence.

Pour M. Bailly, et pour le clergé en général, on met de côté toutes ces précautions honorables pour les juges, salutaires pour l'accusé. Il suffit qu'un prêtre soit accusé par quelqu'un qui touche de près ou de loin à la franc-maçonnerie, immédiatement toute procédure est supprimée ; la condamnation est certaine d'avance ; et souvent le ministre inflige la peine avant que les juges aient prononcé. On s'est autorisé de ces illégalités pour émettre les suppositions les plus odieuses, jusqu'à dire que c'était une manière de faire entendre aux juges quelle devait être leur sentence.

Ces procédés exceptionnels font peu d'honneur à un gouvernement, et habituellement lui sont défavorables : car le peuple s'aperçoit tôt ou tard qu'il peut être traité avec le même sans-gêne, et aussitôt, par crainte et par mépris, il s'éloigne de ces maîtres dont il redoute l'arbitraire.

40. — PAROLES DE M. GOBLET

C'est ce qui faisait dire à M. Goblet à la Chambre des députés, ces fortes paroles par lesquelles il blâmait tout à la fois l'avis du Conseil d'Etat et la situation exceptionnelle faite aux ministres des cultes : « Nous les reconnaissons comme les représentants de la divinité auprès des hommes, comme ses ministres.

C'est le caractère qu'ils s'attribuent, que les fidèles leur reconnaissent et que nous leur reconnaissons nous mêmes, en admettant la légalité des cultes, et en les rémunérant. Et ce sont ces hommes, investis d'un caractère pareil, que vous voulez traîner devant les tribunaux de police correctionnelle ! Et vous ne vous contentez pas de les soumettre à la loi générale ; non seulement vous maintenez contre eux dans notre législation pénale des pénalités spéciales ; il y a plus : vous voulez les soumettre à un traitement humiliant que vous n'appliquez pas aux autres fonctionnaires ; vous voulez leur retenir leur traitement.

« Je dis qu'il y a là un spectacle profondément affligeant, et aussi contraire à la dignité de la religion et des cultes qu'à la dignité et à l'autorité de l'Etat. » (Très bien ! très bien ! sur divers bancs). *Journal officiel* du 23 novembre 1883. P. 2,426.

DEVANT LES GRANDS JUGES

41. — SYMPATHIES DES INCONNUS

La suppression de traitement suivie, deux jours après, d'une condamnation à deux jours de prison, fait grande sensation dans la presse. Le public s'émeut d'une telle rigueur ; il est comme stupéfait de voir les châtiments des grands coupables infligés à un prêtre pour un acte de religion.

Pourquoi, disait-on, se montrer si impitoyable à Donzy où personne n'insulte ni le prêtre ni la religion, lorsque dans des villes où les éléments de désordres abondent, des maires ouvertement hostiles aux processions, mais amis de la liberté pour tous, ont laissé le clergé « agir sous sa propre responsabilité ? »

Dès ce moment les témoignages de sympathie viennent de loin comme de près consoler et encourager le vénéré doyen. Et cependant, nous devons le dire, le bon curé n'éprouve aucune désolation. Depuis longtemps déjà il se dit comme St-Paul : « Des chaînes et des tribulations m'attendent. Je ne crains rien de tout cela, pourvu que j'accomplisse mon ministère en faisant mieux connaître le saint Evangile et la grâce de Dieu. » act. XX, 23, 24. Néanmoins, même quand le cœur est ferme, les sympathies et les encouragements sont de précieuses douceurs pour la pauvre nature humaine. Ces douceurs se succèdent avec une sincérité et une cordialité touchantes. Le condamné n'est pas réduit, comme le triste Ovide, à se dire : *Fratrum quoque gratia rara est* « ceux-là même que j'appelais mes frères n'osaient plus me sourire. » De tous les coins de la France, et même de l'étranger, de nouveaux frères s'annoncent et expriment chaudement leur louange et leur vénération.

Nous donnons à la fin quelques uns de ces précieux témoignages pour montrer l'enthousiasme de certaines âmes, la générosité des bons cœurs et l'admiration si vivement accordée à un prêtre qui souffre pour une juste cause. Le tout formerait un beau et riche volume à l'honneur du curé et de sa paroisse.

42. — NOBLE DÉVOUEMENT DES PAROISSIENS

Quant à ceux que M. Bailly appelle ses frères depuis trente ans, ils agissent avec une noblesse de caractère qui dépasse toute louange. La situation faite à leur curé émeut leur bon cœur. Tout son patrimoine a été dépensé en œuvres utiles à tous, et spécialement aux pauvres, aux vieillards, aux malades, ils le savent ; et on vient de lui signifier une suppression complète de traitement : c'est donc la famine et la mort par la faim qu'on lui inflige. Il n'en sera pas ainsi. Ils n'hésitent pas à rétablir au prix des plus généreux sacrifices le traitement si injustement confisqué. Ils l'ont fait une première année, ils le font pour une seconde. N'est-ce pas pour eux, pour leur liberté que leur curé a lutté ? Ils étaient avec lui dans le combat, ils veulent être avec lui dans la disgrâce : c'est leur grand honneur de l'avoir si bien compris.

43. — LES PROCÈS DEVANT LA JUSTICE SUPÉRIEURE
MÉMOIRE DE Mᵉ DE RAMEL

Reprenons maintenant le cours des procès. Jusque-là M. le Curé de Donzy n'a paru qu'à la justice de paix de Donzy même. Il va se trouver maintenant devant la justice supérieure.

Il y a : 1º son pourvoi en cassation du 15 juin contre le jugement du 13 juin qui le condamnait à 5 fr. ;

2º Appel devant le tribunal de Cosne du jugement du 27 juin qui ajoutait à l'amende de 5 fr. deux jours de prison ;

3º Le 28 juillet M. Bailly saisit le Conseil d'Etat de son recours comme d'abus contre l'arrêté du 17 mars 1882 supprimant les processions.

44. — A. C'EST LE CAS D'ABUS

Mᵉ de Ramel, avocat près la Cour de cassation et le Conseil d'Etat, présente la défense de l'appelant. Son mémoire est une belle thèse juridique ; il mériterait d'être cité tout entier : Essayons au moins d'en prendre toute la substance.

La situation faite au curé de Donzy est bien le cas d'abus prévu par l'art. 7 de la loi organique qui autorise « toute personne intéressée » à recourir « au Conseil d'Etat s'il est porté atteinte à l'exercice public du culte et à la liberté que les lois et règlements garantissent à ses ministres. »

45. — B. LE CULTE PUBLIC N'EST SOUMIS QU'AU GOUVERNEMENT

L'article 1er du Concordat a soumis la publicité du culte « aux règlements de police que le gouvernement jugera nécessaires pour la tranquillité publique. »

Par ces mots le *gouvernement* on entend ici, non pas les maires, mais le pouvoir exécutif c'est-à-dire le chef de l'Etat et ses ministres. Les juristes l'affirment en se basant sur le titre de la loi et le sens du même mot gouvernement plusieurs fois répété dans la loi.

A ce raisonnement juridique les historiens en ajoutent deux autres.

1º Le premier consul, auteur du Concordat, était trop jaloux de l'autorité du pouvoir suprême pour se prêter ainsi à une loi de décentralisation qui laisserait aux maires, avec le droit d'autoriser ou d'interdire les processions dans leur localité, la faculté de troubler la paix religieuse et de détruire l'œuvre d'apaisement due à la sagesse du gouvernement dont il était le chef.

2º Dans une première rédaction de la loi on avait mis ces mots : « en se conformant toutefois aux règlements de police. » Consalvi fit observer que c'était soumettre la publicité du culte à la loi du 16-24 août 1790, article 3, titre XI, et par là même la soumettre au caprice de chaque corps municipal. — Pour ce motif cette première rédaction fut repoussée et remplacée par cette autre : « En se conformant aux règlements de police que le gouvernement jugera nécessaires pour la tranquilité publique. » En rapportant ce fait Consalvi (*Mémoires*) et le comte Boulay de la Meurthe (*Documents sur la négociation du Concordat*) prouvent suffisamment que le gouvernement seul a le droit de porter des règlements d'interdiction.

46. — C. LE SEUL CAS DE DÉFENSE EST L'ARTICLE 45

Ce règlement d'interdiction jugé nécessaire pour la tranquilité publique a été formulé par l'article 45 de la loi organique, qui dispose que les cérémonies extérieures du culte ne pourront avoir lieu dans les villes où il existe des temples destinés à différents cultes ? or ce n'est pas le cas à Donzy : les processions y sont donc bien autorisées par la loi.

47. — D. LES LOIS CITÉES N'AUTORISENT PAS

Les articles de lois visés par le maire de Donzy ne justifient pas son arrêté : car les uns sont sans application possible ici ; un autre, l'article 11 de la loi du 18 juillet 1837, autorise bien le maire à « maintenir le bon ordre dans les endroits où il se fait de grands rassemblements, » mais ne l'autorise pas à empêcher ces rassemblements.

48. — E. CONTRAIRE A L'ÉGALITÉ

En outre l'arrêté du maire de Donzy est entaché d'abus parce qu'il porte atteinte au principe de l'égalité des citoyens devant la loi. « Seule, la réunion de catholiques circulant sous la direction de leurs pasteurs est prohibée, tandis que tous autres cortèges pourront continuer à circuler librement sur les voies de la commune. » Rien ne motive cette inégalité.

5

49. — F. MOTIFS INSUFFISANTS

D'autre part, aucun motif sérieux ne justifie l'arrêté. Refuser de peindre une girouette, interdire le bruit dans l'église, ce qui n'a été blâmé ni par l'Evêque ni par le Préfet, n'est pas motif suffisant pour punir le Curé, encore moins pour punir toute une population. Même « en admettant que le curé aurait dû déférer à tous les désirs du maire, on ne peut s'empêcher de trouver étrange cette justice qui, pour frapper un curé n'ayant fait ou n'ayant cru faire que son devoir, atteint et blesse profondément des fidèles restés absolument en dehors du débat qui s'agitait entre leur curé et leur maire ».

50. — G. RIEN DE FACHEUX A CRAINDRE

Nous allons citer intégralement, pour ne leur rien faire perdre de leur éloquente précision, les réponses de Me de Ramel aux deux seuls griefs maintenus contre M. Bailly, par l'avis ministériel à savoir la crainte de manifestations fâcheuses et la persistance du conflit entre le curé et le maire.

« L'avis ministériel reconnaît que cette première partie du motif (l'hostilité du curé) est critiquable, mais il ajoute que l'arrêté est légalement motivé par la deuxième partie de ce motif où le maire invoque la nécessité de garantir l'ordre public et d'empêcher des manifestations regrettables.

« Le Conseil d'Etat ne saurait admettre cette manière de voir.

« La deuxième partie du motif procède, en effet, de

la première partie, dont elle n'est que la conséquence. Par suite, si la base de la conséquence est illégale, la conséquence ne saurait être prise en considération. D'ailleurs, n'est-il pas raisonnablement impossible d'admettre que les raisons futiles invoquées par le maire aient pu légitimement faire redouter des manifestations populaires? La crainte manifestée par l'arrêté n'a été ainsi mise en avant que pour tenter de donner une base légale à l'interdicdiction. Mais ce que la loi veut, c'est une raison grave et sérieuse et non un pur motif de style.

Et ce qui prouve bien qu'il n'existait dans la population aucune animosité contre M. le Curé de Donzy, c'est d'abord le maintien de l'exposant à la cure de Donzy et, par suite, l'approbation épiscopale qui a été donnée par là implicitement à sa conduite et à son caractère, c'est ensuite la lettre déjà citée et produite du maire de Donzy. A la prière de rétablir les processions que venait de lui adresser l'exposant, le maire répondait, le 21 mai 1893, qu'il lèverait l'interdiction et rapporterait l'arrêté de 1882 si le curé faisait sa soumission, s'il manifestait quelques regrets de l'insubordination que lui reprochait l'arrêté, s'il savait mériter l'indulgence municipale! Par là, n'est-il pas démontré que l'animosité prétendue n'existait que dans l'esprit de la municipalité et non dans la population? Car enfin si, moyennant une amende honorable à la municipalité, le maire avait consenti à rapporter son arrêté et à autoriser les processions, c'est apparemment que les processions ne devaient donner lieu à aucune manifestation hostile de la part de la population.

51. — H. L'ARRÊTÉ N'EST QUE TEMPORAIRE

Enfin l'arrêté n'a pu être que temporaire, car le prétendu mécontentement de la population devait, comme tout mécontentement, s'affaiblir avec le temps et disparaître. L'arrêté ne peut avoir le droit de durer plus longtemps que la cause qui l'a fait naître.

« L'avis ministériel paraît bien admettre que, dans son principe, cet arrêté était temporaire, mais, pour le transformer en arrêté permanent, il invoque la persistance du conflit entre le curé et le maire. C'est là une théorie vraiment singulière, et c'est, croyons-nous, la première fois qu'on fait dépendre de circonstances postérieures à sa date le caractère temporaire ou permanent d'un arrêté.

« Pour en terminer sur ce point, nous croyons devoir faire remarquer au Conseil d'Etat que si la théorie de l'avis ministériel était admise, un maire intolérant pourrait toujours interdire les processions par un arrêté permanent ; il profiterait d'une divergence de vues entre lui et le curé, la ferait naître au besoin, puis, dans un arrêté, il invoquerait cette divergence et allèguerait en outre qu'elle a provoqué dans la population un mécontentement contre le clergé de nature à faire craindre des manifestations regrettables lors des processions. C'est en définitive ainsi qu'a procédé M. le Maire de Donzy.

En refusant de déclarer abusif un tel arrêté, par cela seul que la formule littérale paraît conforme à la loi, le Conseil d'Etat, à notre avis du moins, abdiquerait sa mission, son rôle de « gardien du pacte concordataire, des lois et coutumes qui sont le fondement de ce droit (et d')arbitre des différends qui peuvent troubler la paix religieuse. » (Laferrière, traité de la juridiction administrative, II, p. 92).

52. — I. CONCLUSION

Ainsi cette argumentation très serrée, très précise, ne laisse aucun point sans le réfuter : et la cause de M. Bailly semble évidemment gagnée.

« 1° Le droit d'interdire les processions n'appartient qu'au gouvernement ;

« 2° En l'absence de temple protestant à Donzy les processions y sont autorisées par le Concordat et l'art. 45 de la loi organique ;

« 3° Les art. 9, 10 et 11 de la loi du 18 juillet 1837 n'autorisent pas les maires à empêcher les processions ;

« 4° L'arrêté n'interdit la circulation qu'à une classe de citoyens, ce qui est contraire à l'égalité ;

« 5° L'arrêté n'est pas légalement motivé ;

« 6° L'arrêté n'était que temporaire et ne pouvait dès lors être en vigueur en 1896 ».

La conclusion s'impose : « Plaise au Conseil d'Etat déclarer entaché d'abus l'arrêté du 17 mars 1882, — ou au moins dire que cet arrêté était temporaire et ne pouvait plus être appliqué en 1896 ».

53. — LENTEURS : FATIGUE ÉNERVANTE

La justice a ses lenteurs ; des mois s'écoulent ; les amis supputent les chances de succès ou d'échec : tous ceux qui prennent connaissance du mémoire

Ramel espèrent et promettent l'acquittement ; ceux qui ont mieux l'expérience de notre bureaucratie laissent craindre un échec. Rien de plus énervant que ces mois d'attente pendant lesquels on est successivement poussé à la joie de l'espérance ou rappelé à la mélancolie de la crainte. Le cœur est ballotté comme une faible nacelle sur une mer houleuse et ne trouve pas un instant de repos. Les journées de lutte étaient heureuses en comparaison de celles-ci ; la prison elle-même paraîtra moins sombre et sera moins amère que cette attente de l'inconnu.

54. — CASSATION, 3 DÉCEMBRE 1896

Cependant, à la date du 3 décembre 1896, la Cour de Cassation rend un arrêt favorable :

« La Cour

Vu l'arrêté du maire de Donzy, qui interdit les processions sur le territoire de la commune ;

« Attendu que l'abbé Bailly a été poursuivi pour infraction à cet arrêt ; mais qu'à l'audience il a soutenu que l'arrêté sus-visé était entaché d'abus, comme apportant une entrave à la liberté de l'exercice du culte garanti par le Concordat, et a demandé délai et sursis pour faire vider la question préjudicielle sur abus ;

« Attendu que cette question était une question d'abus, au sens de l'art. 7 de la loi du 18 germinal an X, qui a promulgué et rendu exécutoire la convention du 26 messidor an IX ;

« Qu'aux termes de cet article combiné avec les

articles 6 et 8 de la même loi, le Conseil d'Etat était seul compétent pour en connaître et qu'il devait être sursis au jugement du fond jusqu'à ce qu'il eût résolu ;

« Qu'en s'attribuant la connaissance de la cause et en condamnant le prévenu à l'amende, le tribunal a excédé ses pouvoirs et violé les dispositions de lois invoquées ;

« Casse et annule le jugement du tribunal de simple police du canton de Donzy, en date du 13 juin 1896, et dit qu'actuellement et en l'état, il n'y a lieu à renvoi ».

On se réjouit et on reprit confiance, en apprenant cet acte de justice.

55. — COSNE, 16 DÉCEMBRE

L'appel interjeté devant le tribunal de Cosne, contre le jugement du 27 juin, venait à l'audience du 16 décembre.

M. le Curé de Donzy, en ses conclusions, demande au tribunal de réformer le jugement dont est appel, et dire qu'il sera sursis à statuer jusqu'à ce que le Conseil d'Etat se soit prononcé.

M. l'abbé Bailly donne aussi communication de l'arrêt de la Cour de Cassation.

A l'exemple de la Cour, le tribunal casse, annule le jugement rendu contre le curé de Donzy, le 27 juin, et ajourne à statuer sur le fond jusqu'à la décision du Conseil d'Etat.

56. — CONSEIL D'ÉTAT : 20 JANVIER, 24 MARS

Le recours de l'abbé Bailly vint à l'audience du Conseil d'Etat, vers le 20 janvier, en même temps que d'autres recours semblables, introduits par MM. les Curés de Provins et de Grez-sur-Loing et autres ecclésiastiques. Le Conseil, tandis qu'il rejette les recours de ces derniers, ajourne sa décision sur celui de l'abbé Bailly. On en conclut naturellement que si le recours du curé de Donzy était ainsi disjoint, c'est parce qu'il se présentait dans des conditions exceptionnellement favorables.

Le 24 mars 1897, l'affaire est définitivement tranchée par le Conseil d'Etat. Que s'était-il passé entre l'audience du 20 janvier et celle du 24 mars ? Cette affaire avait été suivie avec anxiété par la municipalité de Donzy ; la Nièvre venait d'élire de nouveaux sénateurs, l'un d'eux était particulièrement lié avec l'administration de Donzy : lui ou d'autres auront-ils voulu sauver la situation ? Nous ne pouvons pas donner des explications qu'on a répandues sans les prouver et qui sont peut-être inventées par la haine politique ou le désir de se montrer perspicace. Une interpellation était plus que probable : c'est tout ce que l'on sait ; et cette interpellation aurait rallié la majorité du Sénat ; il n'y a guère lieu d'en douter.

Le recours du curé de Donzy contre l'arrêté du 17 mars 1882 est bel et bien rejeté. Le Conseil d'Etat trouve que « le maire de Donzy a agi dans la limite de ses attributions de police » et qu'il a droit de prendre « des mesures pour prévenir des désordres. »

Cependant la lettre du maire en 1893, le bon esprit

de la population, et l'expérience de trois processions faites malgré l'arrêté, prouvent surabondamment que ces désordres n'étaient nullement à craindre. Le Conseil d'Etat semble l'ignorer dans son arrêté que nous donnons à la fin.

57. — SENTENCE DÉFINITIVE. COSNE

La barrière est renversée ; tout ira de soi maintenant. Quelques amis prétendent encore que les juges trouveront les motifs du maire de Donzy insuffisants pour justifier quatorze ans d'interdiction, ou bien que le calme de la population justifie la confiance et l'action du curé ; qu'il y aurait lieu d'accorder à celui-ci au moins les circonstances atténuantes et de déclarer l'arrêté inutile depuis le changement de maire. Ce sont pures suppositions. Les plus clairvoyants en sourient : pour eux il s'agit beaucoup moins de punir une procession que d'humilier le curé, et peut-être de faire trembler tous les curés.

Le 26 avril, assignation à M. le Curé de Donzy, de comparaître, le 5 mai, à l'audience du tribunal de Cosne, qui cette fois jugera au fond l'appel qu'il a interjeté du jugement rendu contre lui, par le tribunal de simple police de Donzy, le 27 juin 1896.

Nous ne dirons rien des débats qui furent animés et intéressants. Un journal de la localité écrivait, peu de jours après l'audience, que le curé de Donzy s'était « bien et noblement défendu ». Il ne réussit pas toutefois à gagner son procès. Le tribunal, au lieu de statuer eu séance, mit l'affaire en délibéré.

Ce n'est que huit jours plus tard, le 12 mai, qu'il

prononce sa sentence et confirme purement et simplement le jugement du tribunal de simple police de Donzy, condamnant M. l'abbé Bailly à 5 francs d'amende et deux jours de prison.

58. — RÉSUMÉ : UNE EXPLICATION

Résumons un peu tous ces événements.

On a reproché au curé de Donzy un acte d'hostilité qui était son devoir et son droit le plus légal ;

On a puni les paroissiens, en même temps que le curé, pour un fait auquel ils n'avaient pas eu la moindre part ;

On a imaginé l'idée de manifestations fâcheuses, que les événements ont prouvé n'avoir pas le moindre fondement ;

Le juge de Donzy n'a écouté que le réquisitoire et n'a tenu nul compte des protestations du curé contre l'accusation.

Devant les juges supérieurs, comme devant le juge de simple police, il a été établi qu'un maire ne peut, par un simple arrêté, supprimer arbitrairement la liberté des processions, garantie par le Concordat ; que, pour justifier une telle mesure, le maire de Donzy a invoqué des motifs futiles et controuvés tout à la fois.

En définitive, le curé de Donzy fera sa prison pour avoir préféré les légitimes désirs de ses paroissiens aux fantaisies de M. le Maire.

Et qu'on n'aille pas dire qu'en résumant ainsi nous manquons de respect à la magistrature, nous la plaignons bien plutôt à cause des obscurités accumulées pour égarer sa loyauté. Il y a dans notre cœur le plus sincère respect pour une autorité si nécessaire à la société : Malheureusement les passions les plus dangereuses trouvent parfois moyen d'exercer, au nom de la politique, leur désastreuse influence dans notre société agitée : on s'en est plaint trop souvent depuis vingt ans.

Ainsi qu'un maire, pour montrer son autorité ou pour tout autre motif, veuille contrarier son curé : avec plus ou moins d'adresse et de précaution, il cherche ou fait naître un conflit. Ses ennemis secrets, ses adversaires le feront naître au besoin pour lui nuire.

Le pouvoir exécutif, et le député ou le sénateur qui ont besoin du concours et de l'appui bienveillant des maires, se disent sans mauvaise foi, sans méchanceté, par une inclination très naturelle du cœur humain : « soutenons ce maire ; au moins ne combattons pas ce maire qui a fait et fera voter pour nous. »

Le maire qui l'a deviné à l'avance ou qui l'apprend d'amis trop complaisants, même quand les paroles n'ont pas été prononcées, le maire, dis-je, prend courage et voilà une question engagée et poussée avec cette obstination irréfléchie que donne la certitude d'être soutenu par une puissance à laquelle rien ne doit résister.

Entre ces deux extrêmes, le maire et le gouvernement, se trouvent une foule d'intermédiaires, gardes-champêtres, commissaires, administrateurs et fonctionnaires de toute sorte, pour qui la vie n'est pas sans épreuves.

Leur cœur honnête leur dit très intimement :

« Respectons les droits des autres afin qu'on respecte les nôtres. » Mais à côté de ce langage de la raison et de l'honneur, l'ambition crie à celui-ci : « M. le Maire t'obtiendra de l'avancement, soutiens M. le Maire ! » La peur crie davantage à cet autre : « Le Préfet, le gouvernement peut te casser : ne fais rien qui déplaise à M. le Préfet. » Et la faim, la terrible faim, toujours mauvaise conseillère, évoque un sombre avenir, montre des enfants sans place, et d'une voix pleine d'angoisse crie encore plus fort : « Soutenons celui qui nous paie ! » Et tous ces gens là, sans examen, sans preuves et sans hésitation, supposent toujours leurs craintes parfaitement fondées et croient le maire, le préfet, le sous-préfet et le ministre et tout le gouvernement parfaitement d'accord. Aussi quand les autorités supérieures les questionnent pour être mieux informées, ils font sans hésitation les réponses qu'ils croient devoir être agréables à M. le Maire qui protège, à M. le Préfet qui donne de l'avancement, à M. le Ministre qui paie.

Voilà donc la voix de la vérité gravement mise en échec par la voix des passions, et lorsque cette armée de témoins, qui commence dans un village et finit à Paris, est suffisamment soutenue par une nuée de complaisants, de brouillons politiques, d'ennemis du ministre en exercice et d'ennemis des curés, alors la brume s'épaissit, l'obscurité augmente, et plus on cherche à découvrir le vrai plus on obtient de renseignements inexacts. Les magistrats qui se sentent dans l'impossibilité d'apprécier les faits apprécient seulement les pièces versées au dossier.

Les choses se sont passées ainsi dans quelques localités. N'en serait-il pas de même à Donzy ?

59. — JUSTIFIER LES AMIS DES PROCESSIONS

Nous permettra-t-on ici de dire quelques mots contre la guerre injuste, déloyale, déraisonnable, impie, que l'on fait aux processions et de justifier le clergé qui les fait et le peuple qui les aime ? Nous laissons à de plus habiles le soin d'examiner le côté artistique ou philosophique de la question : Nous restons dans le domaine du plus simple bon sens et nous disons hardiment : le peuple a raison et le clergé n'est pas à blâmer, car les processions n'ont rien de mauvais, elles sont agréables à tous ; elles favorisent très heureusement l'éducation morale d'un peuple ; enfin elles rendent à Dieu un honneur qui lui est bien dû.

60. — ELLES ENTRAVENT LA CIRCULATION

Les processions n'ont rien de mauvais. En effet les motifs que l'on donne pour les interdire sont peu nombreux et se réfutent facilement on dit : 1º Elles entravent la circulation ; 2º Elles sont blessantes pour nos convictions.

Elles entravent la circulation, dit-on ; et pourtant on ne cite aucune affaire importante qui ait été manquée à cause d'une procession ; et d'autre part personne ne pense à se plaindre et à réclamer l'intervention de la police lorsque la circulation est un instant arrêtée par un marchand forain, un crieur public, une ménagerie, une noce qui passe, un rassemblement de curieux, une bande de bœufs, un troupeau de moutons, un régiment qui fait la parade ou l'exercice. Francisque Sarcey a écrit sur ce sujet, dans le

Matin, un article assaisonné de bon sens et d'ironie : « Si quelques personnes sont retardées de cinq ou six minutes, elles font gracieusement ce sacrifice aux affaires des uns, aux plaisirs de tous. Si on laisse la rue à une bande de polissons pourquoi la refuser au Saint Sacrement ? Celui-ci est, après tout, aussi respectable que ceux-là. Et si vous me dites qu'ils font escale chez le marchand de vin, je réponds que le reposoir de la procession est tout au moins aussi poétique. »

Dans les villes très populeuses et très commerçantes les processions pourraient avoir quelques inconvénients, précisément parce qu'étant très populaires, elles seraient très suivies et très longues. L'accord s'est fait très facilement. L'autorité ecclésiastique a accepté sans peine les observations fondées sur des faits réels. Mais combien d'autres processions parfaitement inoffensives ont été interdites uniquement pour montrer son pouvoir ou sa volonté de taquiner.

61. — ELLES BLESSENT LES CONVICTIONS

L'autre motif : « les processions sont blessantes pour nos convictions », sera réfuté d'un seul mot. Il suffit de dire à ceux qui allèguent cette étrange raison : « alors vous proclamez la liberté de penser et vous ne permettez pas de la pratiquer ». Que pourront-ils répondre à cette innocente et très juste réplique ?

62. — RÉPUBLICAINS PLUS QUE VOUS

Ils diront peut-être, quelques-uns au moins l'ont dit : « Nous sommes républicains et vous ne l'êtes pas ». C'est déjà sortir de la question ; mais nous vous suivons dans ce mouvement d'écart. Vous vous dites républicains ; vous affirmez sans preuves et sans discussion que les autres ne le sont pas, et vous répétez souvent que la république c'est la liberté. Nous entendons vos explications, mais nous ne pouvons pas accepter l'application, car nous aimons la liberté plus que vous et nous la pratiquons mieux que vous. Plus que vous nous respectons les droits qui ne sont pas les nôtres ; mieux que vous nous laissons à chacun la faculté de dire, de penser, de faire ce qu'il aime, ce qui lui est utile, ce qu'il désire. Nous avons sans doute le courage de blâmer ce qui nous paraît blâmable, ce qui est coupable, ce qui est nécessairement mauvais et par là même nuisible (serions-nous honnêtes sans cela) ? Mais après ce blâme nous laissons à chacun son choix, sa libre détermination. Nous malmenons moins que vous ceux qui ne pensent pas comme nous ; nous nous vengeons moins de ceux qui parlent et agissent autrement que nous et même contre nous. Vous le savez très bien, nous aimons, respectons et pratiquons la liberté mieux que vous, et si république veut dire liberté, nous pouvons lever le front et dire hardiment : « Républicains, nous le sommes plus que vous ».

63. — LES PROCESSIONS SONT AGRÉABLES A TOUS

La guerre faite aux processions est donc une guerre injuste puisqu'elles n'entravent rien, une guerre déloyale puisque le motif allégué pour les interdire devrait au contraire les justifier. Cette guerre est en outre déraisonnable parce qu'elle tend à supprimer une cérémonie agréable à tous, et utile au peuple tout entier mais surtout au peuple travailleur.

L'agrément des processions est prouvé par la douce satisfaction, le plaisir, la joie intime et profonde que le peuple éprouve en les voyant, en y prenant part. Jamais il ne tourne le dos quand elles passent ; il regarde ravi les bannières, les croix, les surplis des enfants de chœur et du clergé. Les décorations qui entourent le Saint Sacrement, la pompe et la douce solennité des cérémonies exécutées en son honneur, sont, pour le peuple laborieux, un spectacle d'une gracieuse majesté qui égaie son cœur, lui fait oublier ses fatigues, écarte les ressentiments ou les jalousies, et remet la sérénité dans son âme. Guidé par son bon sens il prend rang sans y penser et suit avec bonheur cette procession, parce qu'il est fier d'être membre de la grande famille chrétienne et d'être accepté dans un cortège qui, par sa gravité et son attitude très correcte, ressemble à un défilé de sénateurs.

Personne ne se résigne aisément à être privé de ce charmant spectacle : combien de malades se font porter sur le passage de la procession, ou font ouvrir leur fenêtre pour entrevoir les bannières et entendre

une partie des chants, ou bien se font au moins raconter les pieux détails de la cérémonie ?

Et n'ont-ils pas raison puisque cela adoucit leurs
peines, sanctifie leurs douleurs et met un peu de joie
dans leurs amertumes.

Les Grecs appelaient ces processions théories
ou contemplations, parce qu'ils les contemplaient
avec bonheur, et aujourd'hui encore plus d'un
ennemi violent des processions, que le respect humain empêche de paraître en public, et que l'ambition sectaire pousse à des mesures hostiles, ne peut
réprimer ce mouvement de curiosité sympathique ;
au passage de la procession il se met à la fenêtre d'où
il pourra voir sans être vu, tant il est vrai que la
procession n'a rien de blessant pour ses convictions
et qu'elle lui est agréable comme aux autres.

Ecoutons l'aveu d'un poète que l'Académie vient
de recevoir et qui habituellement néglige le sens religieux des choses :

> C'était religieux, agreste, simple et grand,
> Beau de cette beauté naïve qui vous prend,
> Vous serre, et d'un coup d'aile à l'Idéal vous porte.
> Comme un doux revenant je sentis la foi morte
> Se lever dans mon cœur, et vers mes yeux soudain
> Portant les doigts, je vis des larmes sur ma main.
>
> André Theuriet, *Le Blanc et le Noir*.
> Le Pardon de Ker-Laz.

64. — LES PROCESSIONS FAVORISENT L'ÉDUCATION SOCIALE POUR LES ENFANTS

A cette joie s'ajoute l'heureuse influence des processions pour l'éducation morale d'un peuple. C'est

un avantage incontestable ; quelques considérations vont le mettre en évidence.

L'homme est naturellement imitateur. Ainsi quand une compagnie de saltimbanques arrive dans un village, les enfants d'abord, ensuite les jeunes et d'autres encore imitent plus ou moins les chants, les cris, les manières grotesques de ces étrangers. Et sans l'opposition des plus sensés, qui tiennent aux bonnes manières et à l'honneur de leurs enfants, le village se mettrait à l'unisson avec cette troupe burlesque. — Si la semaine suivante il passe un régiment, il se pro-duit une influence analogue mais plus digne d'éloge. On imite la tenue martiale des soldats, l'uniformité des mouvements, la gravité des officiers : pendant toute une semaine les idées de discipline et de régularité fermentent dans toutes les têtes ; l'esprit patriotique se développe et le noble désir d'être courageux s'implante dans les jeunes cœurs : c'est un heureux résultat, et le passage du régiment est utile en même temps à l'éducation nationale et au commerce local : il est bon de le renouveler de temps en temps. — Vienne maintenant le jour de la procession, l'influence est moins tapageuse, moins remuante, mais elle est plus utile encore et surtout plus générale. Car ce que le régiment fait au point de vue militaire seulement, la procession le fait pour tous les rapports de société et pour tous les membres de cette société. Elle apprend l'ordre et la régularité comme le régiment ; elle développe le sens de la dignité personnelle et les sentiments d'estime, de bienveillance et de respect mutuels comme la troupe a fait naître la notion de bravoure militaire.

65. — POUR LES ENFANTS

Les enfants, ce jour-là, arrivent toujours à l'avance, car ils craignent de ne pas tout voir.

Pendant le défilé, ils observent et imitent la tenue grave des personnes estimées, les mouvements gracieux et réguliers des enfants de chœur, le calme et le recueillement du clergé. Les mères adroites et dévouées ont eu soin de donner leurs conseils avant le départ; elles multiplient leurs observations après le retour. « As-tu vu un tel comme il se tenait bien? » Et l'enfant, qui a tout observé, saura désormais comment se tenir pour marcher avec gravité et dignité. « As-tu remarqué tel autre comme il paraissait pieux et bon? » Et l'enfant n'oubliera jamais l'attitude modeste d'une piété sincère et le visage souriant et calme d'un cœur vraiment bon.

— Un grand-père signalait un jour à son petit-fils, encore tout enfant, la noble tenue d'un gendarme qui, dans une cérémonie de Fête-Dieu, avait exécuté tous ses mouvements sans tourner une seule fois la tête par curiosité. « Celui-là, ajoutait-il, vaut mieux que tous les autres : Personne ne le prendra jamais en défaut. » Pendant des années l'enfant s'appliqua à imiter la tenue si digne et si respectée du bon gendarme, et, souvent, plus tard, il s'aperçut qu'on lui témoignait estime et affection, selon qu'il avait plus ou moins imité la noble tenue qui, malgré la mort du gendarme, était restée très présente à sa mémoire.

— Ainsi, dans une seule sortie et un défilé de vingt à trente minutes, l'enfant a plus appris pour améliorer ses manières, sa démarche, son maintien, pour développer son éducation sociale, qu'on ne pourrait lui en inculquer pendant six mois de leçons données dans un cabinet.

Quel précieux avantage pour l'ouvrier, qui ne pourrait ni trouver les meilleurs maîtres, ni payer leurs coûteuses leçons? L'Eglise, toujours dévouée, parce qu'elle imite un maître qui a donné sa vie pour ses amis, toujours intelligente dans ses grandes œuvres, parce qu'elles sont inspirées par Dieu même, satisfait ainsi sa sollicitude pour l'amélioration des enfants, la dignité et l'honneur des bons travailleurs, sans qu'il en coûte autre chose à ces braves gens que la peine d'y prendre part ou de regarder.

66. — LES PROCESSIONS FAVORISENT L'ESTIME ET LE RESPECT MUTUELS

Tout étant ordonné dans les processions, les grands comme les enfants s'habituent à l'ordre, aux mouvements d'ensemble, à l'estime de leurs voisins. Chacun voyant sa personne et ses droits respectés se sent disposé à respecter la personne et tous les droits de ceux qui l'entourent. Les plus timides sont fiers de marcher dans le même rang avec telles et telles personnes redoutées : ils les craignaient auparavant parce qu'ils n'avaient jamais pu les approcher; ils les craindront moins désormais, sans cesser de les respecter, parce qu'elles paraissent douces et bonnes. Sous la douce influence de l'assistance et des cérémonies le cœur s'élargit, devient bienveillant et généreux. Si la procession est faite en l'honneur de quelque saint, le souvenir de ses vertus et de ses admirables actions provoque naturellement certains bons désirs, certaines résolutions courageuses qui élèvent l'âme et lui donnent, au moins pour un moment, la ferme volonté d'imiter cet homme dévoué, cet élu de Dieu. Et si la procession est faite pour glorifier Dieu directement, les pensées s'élèvent plus haut encore, car les bontés et les sages dispositions de la miséricordieuse Providence donnent à chaque assistant une très haute idée de sa dignité personnelle et de sa glorieuse destinée. Il se sent ennobli, il en ressent une très profonde, très douce et très intime fierté, et pour quelques jours au moins il a le courage de s'appliquer à devenir meilleur.

En voyant toute l'assistance défiler à la suite dans la même attitude, on se dit nécessairement : « Nous sommes bien tous frères puisque nous sommes tous les enfants de ce même Dieu que nous adorons ensemble. Et dans une autre procession sans fin nous défilerons tour à tour, devant ce même Dieu, sans autre distinction que nos fautes ou nos mérites personnels. Là chacun recevra selon ses œuvres : appliquons-nous à être bons plutôt qu'à être riches, puisque le riche n'aura pas plus de privilèges que le pauvre. On proclame la fraternité : en voilà une qui n'a rien de forcé. On parle d'égalité : elle se fait ici sans violence et sans humiliation pour personne. On demande la liberté : elle est ici complète, puisque personne n'est contraint de venir au cortège. Sainte Eglise de Dieu, vous êtes admirable en employant des moyens si doux, si nobles, si attrayants pour apprendre aux hommes à se voir avec confiance, à se coudoyer avec respect, à s'unir harmonieusement sous le regard de

Dieu, comme les fils d'une nombreuse famille pourraient s'unir pour exécuter fraternellement le même travail, sous le regard tutélaire et bienveillant du père commun.

67. — PROCESSIONS LAIQUES

Vous nous parlerez sans doute des processions laïques et de retraites aux flambeaux. Hélas ! combien de ces processions laïques, même quand le maire en fait partie, manquent de tenue et de dignité. On a vu certains maires se donner ainsi en spectacle ; leurs adjoints et leurs clients étaient à leurs côtés ; les clairons et les tambours ouvraient la marche ; les pompiers servaient de gardes du corps : les bataillons scolaires, maîtres en tête ou en flanc, accompagnaient et grossissaient le cortège ; et cependant, malgré le plus sincère désir d'être solennels, ces cortèges n'ont pu obtenir l'estime des spectateurs.

Les figurants manquaient de gravité, parce qu'ils n'étaient animés d'aucun sentiment capable de mettre la gravité au cœur ; l'ensemble paraissait plaisant, même jovial, parce que les têtes étaient préoccupées des idées qui provoquent le rire et la grosse joie ; les spectateurs voyaient dans les défilants les rivalités politiques, les jalousies et les surexcitations de la lutte pour l'influence. Les chefs au milieu d'un pareil cortège, malgré le plus auguste sérieux, perdent nécessairement de leur dignité et ressemblent à des magistrats déplacés ou en gaieté.

Les spectateurs sourient, et quand le soir la procession laïque revient donner la retraite aux flambeaux, il y a encore moins de gravité et plus de folle gaieté. Les sourires du jour, se changent à la faveur de l'obscurité en fous rires et en observations grivoises. Aussi parmi les ouvriers qui tiennent à l'honneur de leurs enfants personne ne dit : « Mes enfants voilà comment il faut se tenir pour être respecté. »

Plusieurs parmi nos lecteurs auront vu, sans doute, de ces processions laïques : les curés les ont laissées libres et ne se sont plaint ni de convictions blessées, ni d'entraves à la circulation. Nous n'en voulons pas dire le moindre mal ; elles sont, selon les circonstances, utiles ou nuisibles à la cause politique qui les a inspirées. Mais nous osons le dire, elles ne procurent pas au peuple un spectacle plus gracieux, une satisfaction plus noble, des réflexions plus salutaires, des inspirations plus charitables et plus moralisantes que les processions religieuses. Pourquoi alors ne pas laisser à celles-ci la même liberté qu'à celles-là ?

68. — DROITS DE DIEU. — LE GOUVERNEMENT N'EST PAS EN CAUSE

Nous permettra-t-on maintenant de parler des droits de Dieu?

A quoi bon? dira quelqu'un. Nos gouvernants ne veulent pas, ne peuvent pas entendre une réclamation faite au nom de Dieu. Pour eux Dieu est moins qu'un exilé, moins qu'un banni : car celui-ci conserve encore le droit à l'existence ; son nom reste encore inscrit sur certains registres et ses amis peuvent demander une amélioration de régime pour ce banni même très justement et très sévèrement condamné : On l'a bien vu à propos d'un traître. — Dieu, lui, est un inconnu ; c'est comme s'il n'existait pas. Son nom a été effacé partout au nom de la loi, malgré les réclamations des hommes les plus clairvoyants, les plus savants, les plus distingués. La passion et le nombre ont triomphé du plus auguste des droits : il n'y a donc rien à faire.

Il est facile de répondre à ce mauvais argument. Nos fonctionnaires et nos ministres sont athées quand ils gouvernent ; ils ne le sont plus dans leurs affaires de famille ; ils envoient leurs épouses et leurs enfants à l'église et quelques fois les y conduisent. Et nous avons vu, en cette année 1897, le chef de l'Etat et tous ses ministres, guidés par une très sage intelligence de la situation, donner officiellement leur part de deuil et de prières dans la terrible épreuve des familles qui rendaient au pouvoir régulier l'inappréciable service de soulager une masse de malheureux tourmentés par la faim et les plus amères privations. Ceci prouve que la raison et le bon sens ne s'éclipsent jamais complètement dans notre noble pays de France : et il y aurait quelque chose à faire s'il était nécessaire et si nous avions l'intention de parler au Gouvernement.

69. — L'ERREUR DES MUNICIPALITÉS

Il y a une réponse meilleure, la voici. L'interdiction des processions n'est imputable ni au Gouvernement ni à ses fonctionnaires : ce sont les maires et les municipalités qui prennent l'initiative de cet acte arbitraire. Ils y ont trouvé jusque-là peu de profit et peu d'honneur, et ils ont vexé profondément une grande partie de leurs administrés. Ainsi, beaucoup de ces maires persécuteurs ont fini leur carrière politique beaucoup plus tôt et beaucoup moins honorablement qu'ils ne l'eussent voulu. Nous n'appelons pas la justice de Dieu sur les autres : il est plus conforme à la vérité de dire ; « Pardonnez-leur, Seigneur, car ils ne savent ce qu'ils font ».

En effet l'ambition les aveugle : ils veulent montrer que leur pouvoir les met bien au-dessus du curé ; ils ne voient pas Dieu qu'ils arrêtent ; ils ne voient que le curé qu'ils veulent arrêter et qui conserve encore, comme tout citoyen, la faculté de sortir soit seul, soit en compagnie. Il résulte de cet acte irréfléchi et arbitraire que la rue est interdite à Dieu seul, tandis qu'elle reste ouverte à tous les cortèges, à toutes les exhibitions, même les plus malhonnêtes. N'est-ce pas déraisonnable au suprême degré ?

Aussi les journaux, même ceux qui ne sont pas religieux pourvu qu'ils soient intelligents et honnêtes, n'ont pas manqué de faire remarquer combien il est ridicule, absurde, écœurant, révoltant, de voir la gendarmerie et la magistrature poursuivre et condamner des prêtres pour avoir porté en procession Jésus-Christ, l'auteur de ces commandements et de ces institutions charitables qui ont fait les peuples civilisés, tandis qu'ils ont des regards bienveillants et presque protecteurs pour des exhibitions malpropres que les païens reléguaient dans les ténèbres et qui seraient honnies comme immorales même à Tombouctou.

Et cependant les auteurs de cette étrange anomalie

appartiennent à des familles chrétiennes ; leurs épouses sont quelquefois édifiantes ; leurs enfants sont élevés dans les pratiques de la religion ; eux-mêmes jetteraient les hauts cris et se croiraient diffamés si quelqu'un osait leur dire : « Vous ne croyez pas en Dieu, vous n'avez aucune religion. » Il y en a même qui fréquentent les églises et la plupart appellent le prêtre et reçoivent avant de mourir les sacrements.

70. — LA FRANCE CROYANTE ADMET LES DROITS DE DIEU

Et à côté de ces politiques qui s'aveuglent il y a tout un peuple qui reste chrétien malgré les efforts qu'on a fait pour le déchristianiser, tout un peuple qui travaille et qui prie, qui voit dans la religion le meilleur agent de moralité et de justice, qui par bon sens et par expérience reconnaît la religion nécessaire pour faire une famille prospère et durable, qui par instinct connaît la remarque faite par tous les historiens, remarque que l'observateur Leplay a développée dans des considérations très élevées et résumée dans cette formule si claire : « Les constitutions « sociales qui ont le mieux assuré le bonheur des peu- « ples ont toutes été fondées sur la pratique de la « religion. En effet la religion unit, dans une haute « vue du bien public, les agents de Dieu et du sou- « verain, les prêtres et les gouvernants. » (*Ouvriers Européens : t. 1er p. 355, t. V, p. 509*).

Cette France qui croit, ce peuple qui prie, cette masse de braves gens qui se trouveraient malhonnêtes s'ils n'avaient pas de religion, se disent dans le plus intime de leur cœur : «Quand même la rue serait fermée à tout le monde Dieu devrait avoir encore le droit d'y passer. »

71. — L'HONNEUR FAIT A JÉSUS-CHRIST EST MILLE FOIS MÉRITÉ

Voici maintenant un fait que nous soumettons au jugement de toute personne honnête et sans passion :

Dans une année et dans une ville qu'il n'est pas nécessaire de nommer, car le même fait a dû se renouveler souvent, quelques personnes intelligentes contemplaient le passage d'une procession du Saint-Sacrement.

En avant est portée avec honneur la croix avec l'image de ce Dieu fait homme qui a donné sa vie pour les autres; suivent les bannières, qui représentent les saints, c'est-à-dire ceux qui ont le mieux imité le dévouement divin et ont été les meilleurs bienfaiteurs de l'humanité.

A la suite marchent les sœurs de Saint-Vincent-de-Paul avec leurs enfants assistés. Tout le monde sait que ces bonnes sœurs seraient de grandes dames dans le monde : elles ont pris la robe de bure, elles se sont faites pauvres ouvrières pour soigner les malades en détresse et ces petits enfants abandonnés, qu'elles traitent comme de bons petits frères, parce qu'elles récitent tous les jours, et de cœur encore mieux que de bouche : « *Notre Père, qui êtes aux Cieux* ».

Viennent ensuite d'autres religieuses de la Providence, du Bon-Secours, de la Charité. Les unes mènent des enfants d'ouvriers très pauvres, d'autres des orphelins recueillis par des personnes de bonne volonté d'autres les enfants du peuple; qu'elles instruisent. Ce qui frappe, c'est le respect de ces excellentes filles pour ces chères petites. Elles leur apprennent, avec l'amour du Dieu qui ouvre la bourse de leurs protecteurs, le travail manuel, qui sera leur gagne-pain, et toutes les connaissances nécessaires pour se tirer des embarras de la vie. La propreté est partout réputée la meilleure élégance; aussi toutes ces petites filles paraissent avec honneur dans l'auguste assemblée, et leur tenue fait espérer que toutes ces enfants, qui devaient être plus tard les recrues du vice et de la misère, ont été pour toujours habituées au travail modeste et à la vertu par les cœurs dévoués qui ont sacrifié les joies les plus légitimes pour imiter l'abnégation de Jésus.

Les frères viennent à leur rang avec les enfants des travailleurs. Ces bambins ont conscience que leur bonne attitude fait honneur à Dieu et on voit qu'ils voudraient désormais avoir la tenue des gens respectés. Les maîtres, qui leur mettent au cœur ce sincère désir d'être bons et courageux, auraient pu, comme tant d'autres, suivre les compagnies qui chantent et qui rient : ils ont préféré entendre l'appel du divin Maître, « se renoncer eux-mêmes, prendre la croix et le suivre pour être utiles à d'autres ».

A côté de tout cela une foule de braves gens dont les visages reflètent la joie, le calme, la volonté : la joie de remercier le Dieu qui les a tant aidés, le calme d'une conscience en paix et résolue à continuer ses devoirs, la ferme volonté de rester patients dans l'épreuve, doux devant la contradiction, généreux dans le dévouement comme le bon Maître qu'ils honorent.

Viennent alors les séminaires, dont les élèves appartiennent à toutes les classes de la société : l'uniforme ne permet pas de distinguer les plus riches des plus pauvres ; c'est l'égalité dans la dignité. Honneur à qui sait s'en rendre digne !

L'attention se fixe surtout sur le grand séminaire, avec ses jeunes lévites qui se préparent à la plus sublime et la plus absorbante des fonctions que l'homme puisse remplir sur la terre. Leur jeunesse, leur blanc surplis, leur gravité de magistrats, leur douce modestie à un âge où l'on aime tant rire et se remuer, la fraîcheur de leur visage et l'harmonie de leurs chants emportent la pensée vers ces anges du Ciel, qui ne vieillissent jamais et qui chantent sans cesse autour du trône de l'Eternel.

Le défilé passe comme une merveilleuse et douce vision qui s'empare de l'âme et la sollicite aux réflexions les plus graves. Parmi nos spectateurs, l'un sent son cœur se gonfler et s'élever aux plus nobles désirs ; un autre essuie une larme, car il est heureux de se sentir assez généreux pour imiter ce qu'il voit, tous ont pris la résolution d'être au moins plus fidèles à tous leurs devoirs.

Mais voici Jésus-Christ qui passe à son tour porté comme un triomphateur, et il semble qu'il commande lui-même d'observer et de réfléchir : « Voilà mes « œuvres ; voilà mon influence dans le monde ; ceux « qui m'aiment le mieux se dévouent comme moi : « la jeunesse est modeste et austère pour me plaire : « j'ai donné des consolateurs à toutes les misères, des

« mères tendres à ceux qui n'en ont pas : les vices
« sont diminués ; les bons samaritains se sont multi-
« pliés. »

Et celui des spectateurs qui paraît être le mentor
de tous, dit avec émotion : « Ce que nous voyons inspire les meilleures résolutions ; les ennemis des processions sont aussi déraisonnables que les Pharisiens
quand ils reprochaient à Jésus de guérir le jour du
sabbat ; l'auteur de tant de bienfaits a les droits les
plus légitimes à cet honneur. »

Nous osons recommander vivement cet observation à tous les cœurs honnêtes qui désirent sincèrement la liberté, l'égalité et la fraternité ; la liberté
pour le bien, l'égalité dans la vertu, la fraternité par
le dévouement.

72. — LE PEUPLE A TOUJOURS TENU AUX PROCESSIONS

Ne nous étonnons pas maintenant si le peuple, guidé
par son bon sens ordinaire, tient à ces processions
si agréables et si avantageuses pour lui. Il y a même
toujours tenu : un historien peu favorable au catho-
licisme, Ch. Lacrételle, fait cette observation et s'applique à la justifier par de nombreux détails. A l'époque de Charles IX « il était bien peu de villes où les
protestants eussent pour eux la multitude. Le peuple
des campagnes ne montrait point de goût pour une
réforme qui, le privant de nobles et de touchantes
cérémonies, lui enlevait ses seuls spectacles et ses
plus purs plaisirs. Quelques villages seulement avaient
été amenés au calvinisme par l'autorité des seigneurs. »
(Hist. de France) : *Pendant les guerres de religion,*
3ᵉ éd., t. II, p. 170.)

Aujourd'hui comme à cette époque le peuple des villes et des campagnes désire les processions, les demande, s'y rend en foule quand elles se font. La conduite des habitants de Donzy est des plus honorables et des mieux connues : Lille, Roubaix, Tulle, Le Puy, Versailles, ne se sont pas contentées de pétitionner comme toutes les villes en général, elles ont poussé leur curé à sortir, à dresser les croix, à déployer les bannières et la foule est accourue en masses compactes.

73. — LES INCRÉDULES LES ADMIRENT

Ceux qui ne croient pas eux-mêmes les aiment et les admirent comme les croyants.

Un anglais vivant en France, et dédaigneux de la religion au point de ne pas faire baptiser ses enfants, a voulu les voir de près, les a admirées et malgré les erreurs que le défaut d'instruction religieuse lui fait prêter gratuitement au prêtre et aux fidèles, il n'a pu s'empêcher de communiquer à ses compatriotes son admiration motivée pour ces belles et éloquentes cérémonies. Les Rogations surtout et la bénédiction des champs, au temps de la verdure et des fleurs, ont ému son cœur ; il loue chaudement la piété confiante et l'adresse des jeunes villageoises dans l'ornementation des croix et des autels (reposoirs) et célèbre « l'habileté avec laquelle l'Église catholique se fait à toutes les situations, et les peines qu'elle s'impose si volontiers pour gagner la sympathie et exciter l'attention. »

Round my, House, by. P. G. Hamerton, 3e éd. London, p. 256-257.

74. — VERS DE BRIZEUX

Le délicat Brizeux va résumer tout ce que nous venons de dire, et l'embellir avec le doux charme de son style :

Et le peuple incliné murmurait sa prière
Parmi les flots d'encens, les fleurs et la lumière,
Femmes, enfants, vieillards, hommes graves et murs,
Tous dans un même vœu, tous avec des cœurs purs,
Disaient le Dieu des fruits et des moissons nouvelles,
Qui darde ses rayons pour sécher les javelles,
Ou quelquefois permet aux fléaux souverains
De faucher les froments ou d'emporter les grains,
Les voix montaient, montaient ; moi, penché sur mon
(livre

Et pareil à celui qu'un grand bonheur enivre,
Je tremblais ; de longs pleurs ruisselaient de mes yeux
Et, comme si Dieu même eut dévoilé les cieux,
Introduit par la main dans les saintes phalanges,
Je sentais tout mon être éclater en louanges,
Et noyé dans des flots d'amour et de clarté
Je m'anéantissais devant l'immensité.

Brizeux-les-Bretons.

LA PRISON

75. — PRESSENTIMENTS A DONZY

Le Prêtre en prison ! Ces mots éveillent de bien lugubres souvenirs. Involontairement vous vous rappelez ces vénérables confesseurs de la Foi que la Convention faisait jeter dans les cachots par centaines, par milliers, ou bien ces otages qui se préparaient à la mort, il y a moins de trente ans, dans les prisons de la Commune.

Ces temps ne sont plus, me direz-vous ? — J'en conviens ; mais convenez aussi qu'en France tout ce qu'il y a d'honnête se révoltera toujours à cette idée qu'on osera arrêter un prêtre comme un malfaiteur et le jeter en prison uniquement par ce qu'il aura accompli un acte de religion, défendu la liberté.

« Emmener notre curé, disait-on à Donzy ; est-ce possible ? Oseraient-ils bien ? » disaient les uns. — « Mais puisqu'il est condamné il le faut bien, à moins qu'on ne lui fasse grâce », disaient les autres. — « Lui faire grâce ! Y pensez-vous ? On ne gracie que les criminels. Cette grâce serait ici un outrage ». Ainsi allaient les conversations, lorsqu'un avertissement de M. le Procureur de la République vint enlever toute incertitude.

7

76. — AVERTISSEMENTS BIENVEILLANTS

Le 26 mai, M. le Procureur invitait, en effet, M. le Curé de Donzy à se rendre à la maison d'arrêt de Cosne, dans le délai de six jours. « Faute par lui de se présenter dans ce délai, un extrait du jugement serait remis à la gendarmerie pour en opérer l'exécution ».

A la suite un petit nota qu'il faut signaler à l'attention. « Le condamné sera reçu à la maison d'arrêt sur la simple présentation de cet avertissement ».

N'est-ce pas charmant, tout à fait engageant ? De la sorte tout se fera sans bruit, sans manifestation fâcheuse. Allons M. le Curé, exécutez-vous ; vous n'avez qu'à porter votre billet de logement ; c'est tout simple cela.

Ce qui est tout simple, c'est que le coupable agisse en coupable, et se cache, et que celui qui n'est pas coupable attende d'être appréhendé au logis : il mérite l'honneur d'une escorte.

77. — PRÉOCCUPATION DU CURÉ

Cependant, le cœur du bon curé battait parfois un peu plus fort que de coutume, on le conçoit sans peine. Les gendarmes ne l'effrayaient pas ; connaissant leurs bonnes dispositions à son égard, il sait qu'ils seront plutôt honnêtes que violents. La prison pouvait-elle l'effrayer davantage ? Il espérait bien en sortir aussi innocent qu'il allait y entrer. D'où venaient donc ses préoccupations ? C'était de ne montrer ni platitude ni arrogance.

Etre courageux ne lui semblait pas difficile : mais ne lui échapperait-il alors aucune parole, aucun geste qui serait interprêté comme une bravade inutile et nuirait à la cause qu'il veut soutenir. Et en se montrant doux, modéré, respectueux ne laisserait-il pas soupçonner une timidité exagérée, la peur et le regret de s'être trop avancé ; ce qui serait encore interprêté contre ses intentions. Le difficile n'est pas de vouloir être brave ou calme, mais c'est d'avoir la vue nette de ce qu'il faut faire à chaque instant.

Il réfléchit, il prie, il sera gracieux et simple comme l'ouvrier qui exécute de bon cœur la tâche fixée par son bon Maître.

78. — LE GUET

Le délai de six jours est expiré : tout Donzy attend l'exécution annoncée. Si deux gendarmes s'avancent dans la rue, surtout dans une rue qui conduit au presbytère, tous les regards les suivent.

« Les voilà, disait-on ; ils vont chez M. le Curé. » Si l'on aperçoit une voiture de place étrangère au pays, c'est une véritable alarme : « Cette fois c'est bien cela : ils vont l'enlever en cachette et nous ne pourrons lui crier : Bravo !. »

On arrive ainsi au 8 juin. Ce jour-là le brigadier de gendarmerie sonne au presbytère dès le matin, M. le Curé est sorti, il repart aussitôt. A midi il revient. « Pour le coup c'est sûr ; il va l'emmener. » On sort ; on court dans la rue ; l'émotion est vive.

Rassurez-vous braves gens ; ce n'est qu'un nouvel avertissement de M. le Procureur qui daigne faire dire à M. le Curé qu'il lui accorde encore vingt-quatre heures pour se rendre à sa cellule de la prison. Mais le curé reste insensible à cette nouvelle gracieuseté, puisqu'il croit mériter l'honneur d'une escorte.

79. — LE 15 JUIN : SIÈGE DU PRESBYTÈRE

Il faut pourtant en finir : lui octroyer toute liberté à ce curé, ou se décider à l'enlever. C'est le 15 juin que le coup doit être opéré. Tout a été prévu, combiné dès la veille. Mais un mot a-t-il été entendu ?

Toujours est-il que la nouvelle s'est répandue à une heure déjà avancée de la nuit : l'écho a pu en parvenir jusqu'au presbytère.

A 6 heures du matin M. le Curé célèbre la sainte messe, sa messe du départ. Elle est à peine commencée que deux gendarmes prennent position entre l'église et le presbytère, dissimulés à la jonction de deux rues. Impossible d'échapper.

Sa messe terminée, M. le curé rentre au presbytère par le chemin le plus court de son jardin, comme il lui arrive quelques fois. Déjà les notables, les fabriciens sont réunis chez lui : dans la rue, à la porte du presbytère, la foule grossit à chaque instant : beaucoup d'amis dévoués, beaucoup de chrétiens convaincus veulent témoigner leur sympathie pour la cause de la liberté.

Cette foule est un peu houleuse ; le bruit des conversations monte et faiblit tour à tour. Le temps s'écoule ; une heure, deux heures se passent ; les gendarmes sont toujours en faction ; ils n'avancent ni ne reculent ; c'est à n'y rien comprendre. « On sentait, dit un observateur, que ces braves gendarmes étaient à une besogne pour laquelle ils ne sont point faits. Et si l'on n'avait su d'avance avec quelle crânerie ils vous arrêtent un mauvais drôle, avec quel sang-froid ils affronteraient dix ennemis sur un champ de bataille, on aurait ri de leur déconfiture. » Ils finissent par s'éclipser à l'hôtel voisin, et l'on apprend que le simple mandat d'arrêt ne les autorise pas à pénétrer au domicile de M. le Curé. Peu à peu on se retire, mais les gendarmes n'abandonnent pas complètement la partie ; ils surveillent la rue, tour à tour, et il est bien onze heures quand ils disparaissent tout à fait. Pour M. le Curé il passa, je crois, fort paisiblement sa journée dans la prière et l'étude.

80. — 16 JUIN : IL EST EMMENÉ

La même scène va se renouveler dès le lendemain 16 juin. Comme la veille M. le Curé célèbre sa messe à six heures, avant sept heures il rentrait chez lui, toujours par la voie du jardin. Des gendarmes sont apostés aux deux rues qui aboutissent au presbytère où ils ont repris leur faction de la veille. Tout le monde observe au-dehors.

A huit heures on se dit : « Ce sera comme hier, inutile de rester plus longtemps, » et la rue devient déserte.

Voilà le moment jugé opportun : subitement deux gendarmes montent au presbytère d'un pas précipité. Ils sont en face du bon curé qu'ils trouvent revêtu de son habit de chœur, comme s'il devait se rendre à l'office divin. N'est-ce pas un office divin, en effet, qu'il va remplir en allant à la prison pour Dieu et pour la liberté de son église ? C'est bien un office, un devoir, pour lequel le Divin Maître a donné ses plus chaleureux et plus solennels encouragements : « Vous serez heureux, a dit ce bon Jésus, lorsque les hommes vous maudiront et vous persécuteront, et diront faussement de vous toute sorte de mal à cause de moi. Réjouissez-vous alors et soyez rempli d'allégresse parce qu'une grande récompense vous est réservée dans le ciel », (*Math. V, 11 et 12*). Puisque ce curé, si dévoué à tous ses devoirs, est arrêté pour une fonction de son ministère, il ne doit paraître devant les gendarmes qu'en ministre de Dieu. Au sanctuaire le surplis, la mozette et la croix de chanoine rehaussent sa dignité ; dans sa marche vers la prison, c'est lui à son tour qui fait resplendir ces insignes en montrant qu'ils sont la marque des cœurs nobles et dévoués.

Communication est faite du mandat d'amener. M. le Curé sort entre les deux gendarmes. Son vicaire, M. Creuzet, montre qu'il a le cœur des braves et prend le pas à sa gauche.

La rue est solitaire, avons-nous dit : sur un assez long parcours une sorte de terreur arrête les premiers témoins. C'est ainsi qu'à l'occasion d'un accident grave, d'un malheur survenu dans la rue, on est saisi, étreint par l'émotion : Personne n'ose avancer ; personne ne peut crier. Cette première impression n'est que passagère : on accourt auprès du bon pasteur pour lui parler, lui serrer les mains, lui dire ; « A bientôt » ; la foule afflue, les visages sont boule-

versés, les yeux pleins de larmes. Un premier crie :
« Vive M. le Curé ! » Un autre répond : « Vive la
liberté ! » et tous s'unissent dans les mêmes acclamations.

81. — ON LE CACHE A LA CASERNE

On arrive ainsi à la gendarmerie ; M le Brigadier
installe le vénéré captif dans son cabinet. La foule ne
le voit plus et stationne, inquiète sur la place qui
fait esplanade devant la caserne. « Pourquoi, se de-
mande-t-on, ne l'emmènent-ils pas tout de suite ? »
C'est bien simple : la seule voiture publique dispo-
nible ce jour-là était celle de l'hôtel Briot : Mais M. et
Mme Briot l'ont énergiquement refusée « pour une
pareille besogne ». On leur a fait sommation en
forme, « requisitionnant leur voiture fermée pour
conduire le curé de Donzy à la prison de Cosne ». Le
refus persiste. « Il y aura procès-verbal et amende ».
— « Peu importe : notre voiture n'est pas faite pour
cela ». Et M. Briot a payé bravement l'amende et les
frais du procès. Si cette action généreuse fait honneur au bon curé, elle ne fait pas moins honneur au
cœur noble et aux nobles sentiments de Monsieur et
Madame Briot.

Combien de temps durera la prison préventive
à la gendarmerie ? Le prisonnier l'ignore : il a son
bréviaire, ou un livre d'étude à la main ; il ne paraît
pas s'en inquiéter. La foule l'ignore aussi. Cependant
il faut aller manger et revenir pour l'heure du train.

82. — L'ARRIVÉE EN GARE

A midi et demi, la place de la Gendarmerie est couverte d'une foule anxieuse persuadée que son cher pasteur va bientôt sortir et traverser cette place pour aller à la gare. Il sort, en effet, mais par un petit chemin bien dissimulé derrière les constructions de la gendarmerie, de la mairie et du corps de garde. N'était-ce pas avouer eux-mêmes la honte de ce qu'ils font, puisqu'ils se cachent comme des coupables? Non, ne méprisez pas; plaignez plutôt ces bons gendarmes. On leur a recommandé d'éviter le bruit, ils font ce qu'ils peuvent, et, en prenant ce sentier dérobé, ils ont voulu empêcher toute manifestation. Ils se sont trompés; ce mouvement tournant est aussitôt découvert; une foule immense, où tous les rangs sont confondus, se précipite avec plus d'ardeur sur les pas du curé; son vicaire, de plus en plus fidèle à son chef vénéré, le rejoint; deux gendarmes les escortent, tandis que les trois autres ont la mission de tenir la foule à distance en lui barrant le chemin. Mais comment faire? ils sont forcés, débordés de tous côtés; les jeunes gens, d'ailleurs, crient hardiment : « Nous allons à Cosne. Vous vous plaignez des processions, et voilà que vous voulez nous faire manquer le train. Qui donc trouble la circulation publique »? Il serait plus facile de calmer les flots d'une mer agitée que d'étouffer les sentiments qui remuent toutes ces bonnes âmes.

Arrivé à la gare, M. le Doyen se retourne, salue, remercie chaleureusement. Pour l'isoler, les gendarmes lui indiquent la salle d'attente. Il y est à peine entré, que paroissiens et paroissiennes se pressent autour de lui : ils ont leur billet de voyage ou d'entrée; impossible de les éloigner. Comment d'ailleurs repousser ces respectables personnes, ces vieillards qui se présentent les larmes aux yeux? La cour, l'intérieur de la gare, les trottoirs, tout est envahi. Un jeune homme fend la foule, un bouquet à la main, qu'il voudrait offrir. A ce moment un chant s'élève :

Nous voulons Dieu ! c'est notre père !

un profond silence s'établit comme par enchantement, on écoute comme pour dire : « Chantez, chantez, vous ne pouviez mieux choisir pour la circonstance. »

83. — LE DÉPART.

Le train arrive en gare ; les gendarmes conduisent prestement leur captif à un compartiment réservé, où ils prennent eux-mêmes place à la portière. Les fidèles compagnons du pasteur se hâtent de prendre place dans les compartiments voisins. Un coup de sifflet; c'est le départ; le mains se tendent pour dire à bientôt, le cantique reprend; les acclamations : Vive M. le Curé! vive la liberté! vivent les processions, retentissent, et le train disparaît. A chaque gare, les bons Donziais appellent leurs connaissances et font saluer et acclamer leur bien-aimé pasteur. Prisonnier, il l'est bien, puisqu'il n'est pas libre; humilié, il ne l'est pas du tout; au contraire, beaucoup envient son sort. Pour lui, dans sa douce gravité, il paraît heureux : à n'en pas douter, il fait remonter plus haut qu'à sa personne les manifestations dont il est l'objet.

84. — A LA GARE DE COSNE

Nous voici a Cosne. A la descente du train, notre estimé prisonnier se trouve en présence de M. l'Archiprêtre de Saint-Jacques et de son vicaire, de M. le Curé de Saint-Agnan, du R. P. Huchet, de Saint-Andelain, c'est-à-dire de tous les prêtres présents à Cosne qui lui donnent les témoignages de leur affectueuse sympathie et les plus flatteuses félicitations. Ses nombreux paroissiens qui ont voulu le suivre jusqu'à la porte de la prison, cherchent à l'entourer encore; mais il est de moins en moins libre : *alius te cinget et ducet quo tu non vis.* (Joan, XXI, 18).

M. le Capitaine de gendarmerie est venu en civil, et fait immédiatement isoler le glorieux captif dans le cabinet du sous-chef de gare. Les trains de Paris, Nevers, Bourges entraient en gare à la suite de celui de Donzy ; si les nombreux voyageurs apercevaient ce prisonnier toujours en costume de chanoine, et unissaient leurs acclamations à celles des précédents, la manifestation serait vraiment fâcheuse pour la police et, comme les voyageurs en feraient le récit dans toutes les directions, ce serait presque une glorification.

Vingt-cinq minutes plus tard, lorsque la gare est devenue à peu près solitaire, notre captif est retiré de sa cachette et, toujours par un couloir dérobé, conduit à l'omnibus qui l'attend. Sur un signe, il monte le premier ; le capitaine et les gendarmes se placent à côté de lui et la voiture part à toute vitesse. M. l'abbé Creuzet et quelques messieurs de Donzy ont retenu une seconde voiture et suivent avec la même rapidité. Toute la police de Cosne est sur pied : M. le Sous-Préfet, M. le Procureur, le commissaire, les gendarmes, les agents de police sont là et donnent le concours de leur influence. Ils peuvent être satisfaits ; les précautions prises, et surtout l'extrême rapidité des voitures font que tout est calme.

85. — A LA PORTE DE LA PRISON

A la porte de la prison le cher chanoine est environné comme à la gare par tout le clergé de Cosne, ses paroissiens et quelques habitants de Cosne qui, prévenu comme le clergé par un ami de Donzy, n'ont eu que le temps d'arriver. C'est le moment de la séparation ; on se regarde avec des yeux pleins de larmes ; les portes de la prison s'ouvrent ; l'émotion est très vive. « Au revoir, M. le Curé ! — Vive Dieu, M. le Curé ! — Nous sommes avec vous de cœur ! oui, tous avec vous. — Priez pour nous ! — Vous êtes l'ami des apôtres et du Bon Dieu ». Un bon paroissien, au nom de tous, lui offre un magnifique bouquet. Le bien aimé curé est calme et ferme, mais très pâle : l'amitié si honorable de ses très distingués confrères, la fidélité infatigable de ses excellents paroissiens, l'attachement de ce bon vicaire qui semble lui faire des plaintes comme saint Laurent à saint Sixte et lui dire : « Ne vous ai-je pas suivi dans la lutte et le sacrifice : pourquoi entrez-vous ici sans moi ? »

Tout cela s'unit à la fois pour produire en lui une

inexprimable émotion. — « Merci ! chers Messieurs, merci, mes chers enfants ! Je suis touché de votre affection ; je reste avec vous d'esprit et de cœur ».

Pendant qu'il prononce ces mots on lui fait signe d'avancer et la prison se ferme.

Les gendarmes remettent au gardien leur honoré captif et s'inclinent respectueusement en le quittant. Leur bon curé répond à leur salut en leur serrant affectueusement la main. Ne s'étaient-ils pas montrés corrects ? Leur triste mission n'avait-elle pas été assez pénible pour mériter cette marque d'estime ? Le cœur de ces hommes du devoir est fait pour braver les injures et les menaces des gredins, mais non pour comprimer les acclamations accordées à un homme qui, comme eux, ne connaît que le devoir.

86. — LA PRISON

Inutile de parler de l'inscription au régistre d'écrou et de la prison. La cellule située au second étage ressemble à toutes autres : une simple couchette, une table grossière et un banc étroit attachés l'un à l'autre, la cruche d'eau traditionnelle, une lucarne élevée de trois mètres avec gros barreaux pour laisser entrer le jour en arrêtant la clarté. Personne ne s'attend à y trouver le confortable : néanmoins la première observation de notre pieux chanoine, c'est qu'il sera beaucoup mieux que son Divin maître sur la croix.

87. — LE FRUIT DE LA TRIBULATION

Après les émotions de la journée et des journées

précédentes le vénéré prisonnier devait avoir le corps brisé : les préoccupations, les visites et les avertissements incessants de ses amis ne lui avaient pas laissé fermer l'œil depuis plusieurs nuits. Harassé, exténué malgré son calme, il s'assied comme il peut : mais, en y réfléchissant bien, ne doit-il pas être satisfait de tout ce qui vient de se passer ? Il est prêtre pour faire aimer et servir Dieu. Eh bien ! aurait-il mieux fait aimer son bon Maître dans vingt prédications éloquentes ? Vingt instructions, même excellentes, n'auraient certainement pas provoqué ces élans de l'âme et du cœur dont il vient d'être témoin, ces résolutions spontanées, généreuses, énergiques d'être tout à Dieu, de honnir le respect humain, d'affronter les impies, de mettre Dieu et sa loi sainte au-dessus de tout.

Nous en avons la conviction il pouvait se dire en toute confiance : « Mon Dieu je vous ai fait plus honorer par ces quelques jours de tracasseries qu'avec le travail de vingt semaines paisibles. Je n'ai qu'à vous remercier de m'avoir rendu la besogne si facile. »

88. — LA CONSIGNE ET M. LE SOUS-PRÉFET

La consigne est strictement observée. Le geôlier remet les lettres et cartes de visite qui apportent au pieux détenu les gages de la plus aimable sympathie. Mais toute visite est rigoureusement interdite : « Allez demander à M. le Sous-Préfet. »

Parmi les bons chrétiens de Cosne qui sollicitaient l'honorable satisfaction de s'édifier un instant dans l'entretien de ce prêtre courageux, il s'en est trouvé pour oser aborder M. le Sous-Préfet. Celui-ci avec une gracieuse complaisance explique en détail tout ce qu'a fait son détenu. « Il s'est assis à telle heure, s'est promené au frais de la cour intérieure pendant tant de minutes, a lu son breviaire de telle façon, a étudié gravement un livre apporté avec lui, a mangé ceci, a bu cela, s'est couché à l'heure réglementaire, et le matin s'est levé frais et dispos. Soyez sans inquiétude, le prisonnier ne paraît pas se faire de mauvais sang. » On dit quelques fois : « Un tel est au secret, » pour dire « il est en prison. » Pour M. le Sous-Préfet la prison n'a pas de secret ; il est très fidèlement informé de tout, ou bien son œil de lynx voit à travers les murs. Encore une question et il vous dirait avec son plus aimable sourire : « Nous n'avons pas interdit à ses anges gardiens d'entourer sa couchette et de lui donner les consolations célestes comme on le lit dans les actes de certains martyrs : mais la consigne est la consigne et, malgré tout mon regret, je dois refuser à tous autres anges la satisfaction de lui parler et de l'encourager. »

89. — LE JEUDI DE LA FÊTE-DIEU EN PRISON

Le lendemain matin, cependant, un nuage passe sur l'âme du pieux prisonnier. M. le Sous-Préfet en fut-il informé? Nous en doutons. C'est le jeudi de la Fête-Dieu et il ne peut monter au saint autel : il a sollicité cette faveur en vain. Il voit l'autel de son église, il voit son peuple dans le lieu saint : « Mon Dieu, c'est pour vous que je suis ici et vous me refusez cette consolation à laquelle, vous le savez bien, je tiens tant ». Et une voix répond du fond de son cœur : « Que la volonté de Dieu sait faite. Le Maître n'était-il pas encore plus privé quand il disait sur sa croix : Mon Dieu, mon Dieu, pourquoi m'avez-vous abandonné? »

Un peu plus tard, les cloches de l'église Saint-Jacques sonnent à toute volée. Grande fête dans la paroisse ; c'est la première communion des enfants. Notre pieux prisonnier le sait, il est descendu dans la cour, il aperçoit le sommet de la tour Saint-Jacques par dessus les hauts murs qui ne peuvent arrêter les élans de l'âme ; il voit, il suit en esprit la touchante cérémonie, il croit entendre le radieux *Gloria in excelsis*, le triomphal *Lauda Sion*, les cantiques de la première communion; il est de cœur avec les assistants, avec les heureux enfants que les prêtres, que Jésus lui-même entourent de toutes les tendresses.

Il ne soupçonne pas, il apprendra seulement après sa libération l'allusion très émouvante faite à sa détention par l'éloquent prédicateur : « Jésus est aimé par-dessus tout, personne n'a obtenu comme lui cet amour qui va jusqu'à donner son existence, à sacrifier sa vie pour sa cause. Aujourd'hui même il y a dans votre ville, ici, à côté, un prêtre détenu pour avoir courageusement soutenu la cause de Dieu. On ne lui demande pas le sacrifice de sa vie ; mais, s'il était nécessaire, il la donnerait sans hésiter. Nous l'avons vu, nous lui avons serré la main et nous avons reconnu avec admiration la noble sincérité de son généreux dévouement ».

Ainsi le prisonnier réchauffait son âme en priant avec la paroisse; ainsi les bons fidèles s'excitaient à l'amour de Dieu par l'exemple du courageux prisonnier?

90. — LES OCCUPATIONS DU PRISONNIER

La matinée, la journée entière sont embaumées de ce suave parfum de piété. A l'heure de vêpres, le bon doyen redescend dans la cour et y retrouve les douces émotions de l'heure de la messe. Il a souvent renouvelé avec bonheur les promesses de son baptême, jamais il ne l'a fait avec une aussi complète et aussi douce sincérité qu'avec les enfants de la paroisse Saint-Jacques de Cosne.

Cette journée, commencée dans la tristesse, paraît délicieuse et courte au prisonnier; la nuit venue, il s'endort comme bercé par toutes ces religieuses impressions et il dort si bien qu'en s'éveillant, le vendredi matin, il se demande où il est.

La matinée du vendredi voit la continuation de ses graves et sereines occupations : prier, méditer, étudier les beautés incomparables de notre foi et les merveilleuses dispositions de la Providence. Il lui arrive, comme la veille, lettres et cartes toutes remplies de sympathique admiration, le louant de sa généreuse entreprise pour la liberté, le remerciant de l'exemple donné, renfermant des résolutions énergiques d'être tout à Dieu et de solennelles promesses de l'imiter. Laïques et ecclésiastiques y mettent le même entrain, la même énergie, le même abandon à la sainte Providence. Le dévoué prisonnier se demande si vraiment il ne rêve pas, si ces braves cœurs n'ont pas voulu lui faire illusion et le flatter : « Non :

les circonstances sont trop graves. — Mais, alors, comment ai-je pu, pauvre prisonnier, produire tant d'effet, quand mon travail, mes paroles, toute mon influence font si peu »? Et il se rappelle les paroles de saint Paul : « Lorsque je suis faible, alors je suis fort. — Dieu a choisi les faibles selon le monde pour confondre les forts. — Nous ne sommes rien par nous-mêmes ; tous nos efforts, toutes nos habiletés n'aboutissent à rien quand Dieu ne les aide pas. La grâce de Dieu se sert de nous et fait tout malgré notre impuissance ».

A deux heures, les deux jours de détention sont achevés. Le gardien vient annoncer au prisonnier qu'il est libre, et le trouve tout entier à ses saintes occupations. Il va sortir, mais, auparavant, il éprouve le besoin de remercier le personnel de la prison pour les bons procédés dont il garde un fidèle souvenir.

LE RÉSULTAT

---

91. — TRISTESSE A DONZY

Que se passe-t-il à Donzy pendant que le pasteur est sous les verroux ?

Les scènes précédentes, le siège du presbytère, l'enlèvement du curé, son départ entre les gendarmes, son emprisonnement sont devant tous les yeux, ne cessent d'impressionner les esprits : On en cause à la ville et à la campagne, au salon et au foyer de l'ouvrier, dans les champs et à l'atelier. On ne parle que de cela : les esprits sont un peu abattus, les âmes peinées, indignées, saisies d'une douloureuse étreinte : « Voir pareille chose ! Un homme qui n'a fait que du bien traîné en prison ! Ce n'est pas possible, le bon Dieu les punira. « Et des vieillards, à n'en pas douter, ajoutent en pleurant : » Nos grands pères nous avaient raconté qu'au temps de leur jeunesse les prêtres avaient été emprisonnés, guillotinés, noyés.

La chose nous paraissait presque incroyable. Les esprits étaient égarés ; aujourd'hui l'aveuglement n'est-il pas plus grand puisqu'on emprisonne pour une procession que la loi autorise et qui ne nuit à personne ? Mes enfants, les persécutions perdent ceux qui les font. » Tel était le fond de toutes les conversations.

« Durant ces deux jours, m'a dit quelqu'un, on ne vivait plus, on n'avait de goût à rien ; je vous assure qu'à table on ne faisait pas grand débit. C'était si triste aussi ! C'est comme si tout le monde avait été en deuil. Jusqu'à nos cloches qu'on n'entendait plus sonner : c'était bien juste puisqu'on était si affligé. Aussi il était temps que ça finisse, je vous assure. »

92. — PROJETS POUR LE RETOUR

Le vendredi on se lève plus joyeux. « C'est aujourd'hui qu'il revient notre bon M. le Curé. Qu'on le reçoive comme il faut ! Qu'on se porte à sa rencontre en foule ! Prenons des fleurs, des bouquets, que rien ne manque ! — si on portait la croix et la bannière ? dit l'un. — Et si nous portions un drapeau ? riposte un autre. — Oui, c'est cela, le drapeau comme signe de liberté. — Nous sommes tous Français et bons Français, ajoutent quelques voix, personne ne peut nous reprocher de suivre le drapeau de la patrie. — N'y aura-t-il pas une belle cérémonie à l'église ? — Oui, comme aux plus beaux jours. — Et si l'on décorait le presbytère. — Oui ? faisons une belle guirlande pour encadrer la porte d'entrée, une guirlande toute fleurie. — Et ce n'étaient pas des paroles en l'air, Ah ! mais non ! On se met tout de bon à l'œuvre : chacun veut être de la partie. » — Mais est-ce que personne n'ira à Cosne ? dit-on encore — Si, si : une députation, il suffit de quelques personnes, puisque c'est ici le lieu de la fête. » Ainsi vont les choses à Donzy c'est-à-dire : elles vont très bien.

93. — LA SORTIE DE PRISON

Revenons à Cosne pour la sortie du prisonnier.

Le bruit s'est répandu, on ne sait comment, que M. le Curé de Donzy est parti dès le matin en voiture ; on ajoute même qu'il est sorti par « la poterne ». Aussi les uns ne sont pas venus, d'autres sont repartis, les plus tenaces attendent quand même et stationnent en groupes sur la place de la prison.

A deux heures la porte s'ouvre et le cher curé s'avance. Tous le saluent avec joie, se pressent autour de lui, le félicitent, s'agenouilleraient pour demander une bénédiction s'il ne s'y opposait. Trois confrères du diocèse de Sens, MM. les curés d'Etais, de Sainpuits, et de Perreuse, M. le Curé de Cessy, la délégation de Donzy, en tête M. René Monmignot, échangent avec le cher prisonnier les témoignages de la plus cordiale estime. Un photographe saisit à l'instantané une image bien incomplète mais qui restera comme un précieux souvenir de cette scène vraiment touchante.

Bientôt arrivent M. l'Archiprêtre de Saint-Jacques avec M. le Curé de Saint-Agnan, puis M. le Curé d'Entrains, M. l'abbé Charlon : sans la fausse nouvelle du départ matinal ils eussent été là au premier rang. Le bon doyen se montre très sensible aux témoignages de sympathie qu'ils lui prodiguent : il ne sait comment les remercier d'une démarche si honorable pour lui.

Après les premiers épanchements tous se dirigent vers l'église : « Remercions d'abord le Maître ». Il est beau de les voir devant le Saint-Sacrement exposé, prosternés ensemble dans l'adoration et l'action de grâces, redisant à Notre Seigneur leur amour pour lui et pour la Sainte-Eglise et le louant de la constance qu'il a daigné faire paraître en l'un d'eux.

94. — A LA GARE DE DONZY

A Donzy les paroissiens attendent avec une vive impatience. A six heures le curé tant désiré descend du train salué par une immense acclamation : « Vive M. le Curé ! Vivent les processions ! Vive la liberté ». Il semble que tout Donzy est là, bourgeois et ouvriers, femmes du peuple et grandes dames, riches et pauvres, petits et grands ; tous sont radieux, enthousiastes, d'une joie débordante. La plupart agitent des fleurs et des bouquets : on dirait une interminable guirlande qui court dans toutes les mains. C'est à qui saluera le premier le bien-aimé pasteur, aura sa première parole, lui offrira la première fleur. Une gracieuse enfant arrive la première et offre en souriant son bouquet : M. le Curé gardera ce gracieux souvenir : tous les paroissiens s'empressent à la suite, et le bon curé arrive avec peine jusqu'à ses chers confrères du canton : tous ont tenu à venir féliciter leur bien vénéré doyen et celui-ci paraît heureux de les remercier, et de les embrasser comme s'il ne les avait vus depuis longtemps.

La foule continue ses acclamations, entonne des cantiques qui élèvent les âmes au-dessus des préoccupations de la terre et les portent vers le ciel ; les cloches font entendre leur joyeux carillon. Il y a deux jours qu'on ne les a pas entendues ; leurs sons paraissent plus doux, plus éclatants, plus joyeux surtout. On leur obéit ; car en même temps qu'elles saluent l'arrivée du curé, elles appellent à l'église.

95. — MARCHE TRIOMPHALE

En marche, le digne pasteur s'avance le premier à la suite du drapeau déployé et porté par un groupe de jeunes gens ; autour de lui tous ses confrères du doyenné : M. le Curé de Menou, les trois curés de l'Yonne et M. l'abbé Charlon rencontrés à Cosne, tous heureux de donner jusqu'au bout l'aimable témoignage de leur affectueuse admiration ; et à la suite un immense cortège, une véritable et triomphante procession que la gendarmerie contemple à distance. Sur les places de la ville, au passage des rues, des visages sympathiques, joyeux, épanouis ; tous saluent avec respect.

L'église a pris ses plus belles parures comme aux jours solennels ; l'autel entouré de verdure étincelle de lumière ; à l'arrivée du cortège l'orgue éclate en sons joyeux, animés, triomphants ; l'église se remplit comme aux plus grandes fêtes ; pendant que le pieux curé et ses assistants revêtent les ornements sacrés, le chœur reprend ses cantiques : *Nous voulons Dieu. O Marie... Garde au cœur des Français la foi des anciens jours.*

Toutes les voix s'unissent, se fortifient, s'entraînent : c'est une masse imposante qui emporte tous les cœurs dans un vif élan de piété et de foi ardentes.

96. — SOLENNELLES ACTIONS DE GRACE A L'ÉGLISE

Avant d'exposer le Saint-Sacrement, le pieux curé

tient à marquer le caractère de la cérémonie. « Mes chers frères, dit-il, prosternés ensemble devant Dieu, nous devons lui faire amende honorable car il a été offensé dans ses drois et son honneur ; lui rendre grâce car Il nous a comblé de consolations dans l'épreuve ; le prier afin que nous soyons fermes dans la foi et le devoir ». On prie avec ferveur, on chante avec entrain et piété ; tous s'inclinent avec amour à confiance sous la bénédiction de Dieu. Et maintenant, bon peuple, louez encore le Seigneur : *Laudate dominum omnes gentes*. Car sa miséricorde nous est connue et sa vérité ne change point.

Avant de rentrer à la sacristie le dévoué pasteur remercie ses chers confrères et tous ses bien-aimés paroissiens : il entend bien n'abdiquer en rien le droit et la liberté religieuse ; pour tous les membres de la famille paroissiale, il tient à le dire bien haut, il n'a que des sentiments de charité et de paternelle affection. Et il termine ainsi : « Les deux jours que j'ai passés loin de vous m'ont semblé courts parce que je les ai passés dans la prière : tous vous étiez présents à mon cœur et à ma pensée : parmi vous je ne connais pas d'ennemis ».

Les assistants attendent dans la rue la sortie de M. le Curé pour l'accompagner au presbytère et l'acclamer une dernière fois. La porte de la cure est toute enguirlandée, sur deux banderolles on lit : « Vive M. le Curé ! Vivent les processions ! » La foule les redit très haut : le bon curé très ému ne peut que renouveler ses remerciements ; fleurs et bouquets pleuvent dans sa demeure et l'on se sépare avec le sentiment de radieuse satisfaction qui suit une bonne action.

De nombreux journaux ont fait le récit sympathique et éloquent de ces évènements ; tous ceux qui s'intéressent à la cause de Dieu les ont lus avec avidité : une plume bien inspirée terminait l'un d'eux par cette phrase qui sera aussi le dernier mot de notre récit : « S'il est de plus beaux, de plus solennels triomphes nous n'en connaissons pas de plus touchants ».

97. — L'ÉPREUVE CHANGÉE EN GLOIRE

Ainsi les espérances des ennemis sont déçues : personne n'a méprisé ce curé fidèle à son devoir. Ceux qui avaient la triste obligation de voir en lui un condamné l'ont traité avec honnêteté, surtout les chefs, et même avec certains égards ; ses amis bien loin de se trouver humiliés se sont montrés tout joyeux de lui prodiguer les marques du plus affectueux dévouement ; les paroissiens sont passés de l'estime à l'admiration la plus enthousiaste.

Essayons aussi de raconter ce qu'ont fait et font encore les autres, c'est-à-dire les inconnus, les étrangers, ceux qui vivent loin de Donzy et ne connaissent du curé que sa prison.

98. — ENFANTS BÉNIS

Peu d'instants s'étaient écoulés depuis la sortie de cette fameuse prison ; une jeune mère s'avance timidement au milieu du cortège d'amis ; elle a sur ses bras un petit enfant, et d'une voie très émue : « M. « le Curé, je vous en prie bénissez mon enfant afin

« que Dieu le protège. « La confiance de cette mère, dit le vénéré pasteur, le respect contenu dans cette voix émue, la vénération exprimée par sa contenance, vénération motivée par ma prison et non par ma pauvre personne, m'émurent à mon tour jusqu'au plus intime de moi-même. Mon cœur battait fort, et mes yeux se mouillaient, ma gorge serrée refusait de parler : Toutes les félicitations de mes amis ne me rendaient pas plus fier. » — Et combien d'autres mères, à Cosne, à Donzy, et ailleurs, ont demandé semblable bénédiction avec les mêmes accents de timidité ardente et de respectueuse insistance. Ceux qui connaissent le cœur des mères et leur dévouement pour leurs chers petits enfants, savent que ces demandes sont motivées par le plus pur amour du bon Dieu et la foi la plus désintéressée.

99. — SUPÉRIEUR DE COMMUNAUTÉ

Une communauté importante a vu une manifestation beaucoup plus imposante. Le vénérable et très habile supérieur sut produire parmi les jeunes gens confiés à sa prudente direction une émotion qui se traduisit immédiatement en résolutions très pratiques et très opportunes pour le temps où nous vivons. C'était le surlendemain de l'arrestation, à la fin du repas ; suivant l'habitude des maisons religieuses la lecture de table venait d'être suivie de la lecture du martyrologe. L'intelligent supérieur se lève et d'une voix grave, lente, qui semblait sortir du fond de sa poitrine comme elle sortait du plus intime de son cœur : « Messieurs, dit-il, vous venez d'entendre les noms et les actes des martyrs d'autrefois : je crois utile de vous faire connaître les actes et le nom d'un martyr d'aujourd'hui. Grande leçon pour nous, Messieurs, dans ces temps orageux : car nous devons nous demander si nous aurions le courage de confesser ainsi notre foi. » Et il passe au lecteur le journal qui relatait fidèlement et éloquemment l'arrestation et le départ pour la prison, la confiance souriante et le calme inaltérable du doux pasteur, la noble attitude des fidèles de Donzy, l'énergie de leurs sentiments, leur dévouement à la cause de la religion, le cantique *Nous voulons Dieu* entonné en gare et chanté par une foule enthousiaste, etc. etc. — Les jeunes auditeurs retenaient leur haleine pour mieux entendre ; ils étaient là quatre-vingt ou cent, de vingt à vingt-cinq ans, c'est-à-dire à un âge où le cœur est chaud, les aspirations nobles, l'intelligence alerte et l'âme toujours disposée au sacrifice. Tous, dit-on, passèrent à la chapelle en sortant du réfectoire, y restèrent un instant abîmés dans la réflexion et la prière, et pendant la courte récréation qui suivit on sentait que des résolutions énergiques avaient été prises en face de Dieu : Personne n'était intimidé, tous étaient prêts à redire avec les braves de Donzy :

> Nous voulons Dieu ! De sa loi sainte
> Jurons d'être les défenseurs,
> De le servir *libres*, sans crainte :
> Jusqu'à la mort à lui nos cœurs !

100. — ADMIRATION D'UN BOURGEOIS

Mais, direz-vous, ce sont là des cléricaux ; rien d'étonnant. Alors passons dans un pays éloigné de

vingt-cinq ou trente lieues ; on croirait que les évènements de Donzy n'y sont pas même connus.

Nous abordons un honnête bourgeois, bon cœur,
instruit, mais chrétien fort peu fervent, il a même le
tort de s'en vanter.

Le bon doyen lui est présenté : aussitôt l'attitude
de cet homme devient respectueuse. « J'ai eu le plaisir de vous serrer la main il y a 35 ou 40 ans. Vous
étiez jeune alors et j'étais déjà presqu'un vieillard.
Aujourd'hui je sollicite l'honneur de serrer vos deux
mains. Et vous me permettrez, continue-t-il dans
l'attitude inclinée d'un respect sincère, de vous féliciter de toute mon âme. Nous avons suivi votre affaire
dans les journaux avec beaucoup d'attention. Vous
êtes un homme de cœur. Je vous le dis en toute sincérité : nous vous avons admiré. »

Et la vieille dame, qui cause à quelque distance
dans un cercle d'amies, s'étonne de voir son mari si
respectueux et si expansif : « Mais quel est donc ce
prêtre avec lequel mon mari est si intime, et que je
ne connais pas ? » — « C'est le curé de Donzy,
Madame ; celui qui est allé en prison pour délit de
procession. » Aussitôt cette vénérable matrone s'approche dans un élan de foi des plus spontané. « C'est
vous, Monsieur, qui aimez si sincèrement le bon
Dieu. Je suis heureuse de vous voir. »

Elle semble d'abord vouloir l'embrasser comme un
enfant bien aimé ; mais le respect l'arrête. Elle s'in-
cline ensuite comme pour se mettre à genoux et lui
baiser les pieds, mais ses trop vieux membres plient
difficilement et la nombreuse assistance l'intimide.
Elle prend un moyen terme : « Je vous en prie, Mon-

sieur, donnez-moi la main. » Elle saisit cette main, la soulève avec une émotion un peu nerveuse et dit en la baisant longuement : « Vous qui avez eu tant de courage priez pour nous. Dieu ne peut pas tarder de nous appeler ; je serai justement fière que vous m'ayez accordé cet honneur. »

— Et comme l'émotion est partagée par les assistants, plusieurs mains se lèvent à la fois pour essuyer les larmes dont les yeux s'étaient remplis.

101. — LETTRES ET JOURNAUX

Les mêmes sentiments d'admiration pour le curé et pour les bons habitants de Donzy se sont reproduits partout où l'évènement a été connu. Des lettres très nombreuses et très cordiales sont venues de tous côtés et continuent d'arriver pour en donner la preuve, et, s'il y avait moyen de mettre quelque suite dans ces lettres écrites par des gens qui ne se sont jamais vus et probablement ne se verront jamais, nous les reproduirions ici. On en lira quelques-unes en appendice.

Ce serait aussi le lieu de rappeler les nombreux articles de journaux qui ont fait le plus chaleureux éloge de cette noble conduite, et surtout de ces journaux peu chrétiens, libres-penseurs mêmes, qui ont montré l'inutilité des persécutions et le ridicule de ceux qui veulent arrêter les processions religieuses en laissant toute liberté aux exhibitions les plus grotesques et les plus immorales, comme si le vice avait plus de droits que l'honnêteté. Ces articles ont été généralement lus par tout le monde.

102. — DONZY CALMÉ ET LES ENFANTS

Revenons à Donzy, car c'est là surtout qu'on a voulu enlever au curé le prestige acquis par son zèle, sa régularité et son dévouement. Eh bien ! à Donzy comme ailleurs, l'estime et le respect n'ont fait que s'accroître. En accourant à l'église, à la cérémonie du retour, les paroissiens disaient déjà très haut : « Nos cœurs sont avec vous ; confiance et courage ». Les émotions très vives de cette remarquable journée se sont assoupies depuis, mais l'affection n'a pas diminué. Et nous avons vu ces bons Donziais auprès de leur bon curé, lui parler avec confiance comme à un père bien-aimé, lui expliquer leurs peines, leurs douleurs, leurs embarras avec l'aimable abandon qu'inspire la certitude d'être compris, encouragé, aidé.

Nous avons surtout voulu observer les enfants, parce que leur physionomie et toute leur attitude reflètent très fidèlement tout ce qu'ils entendent. Or, ces enfants abordent leur pasteur avec un respect touchant, lui parlent avec ce gracieux sourire qui indique une affectueuse confiance, avec cette douce modestie qui dénote à la fois la crainte d'être trop familier et la volonté de montrer de l'empressement : Signes bien évidents que ces enfants, à leur foyer, n'entendent ni paroles de mépris, ni injures haîneuses à l'adresse de leur excellent curé.

103. — UNE CONVERSATION A DONZY

Plusieurs mois après les émotions de l'emprisonnement, quand tous les esprits sont bien calmés, nous osons, dans la conversation, poser quelques questions : on nous permettra de les rapporter avec les réponses qui ont été faites. « Vous n'estimez donc pas moins votre curé malgré sa prison » ? Hé, monsieur, répond-on, quand on va en prison pour une pareille cause, il n'y a pas de déshonneur, il n'y a que du mérite et de la gloire.

« — Ainsi, vous regardez comme un honneur ce qu'on craint partout comme le plus terrible des affronts?

« — Monsieur, ce n'est pas la prison qui déshonore, c'est la cause de la prison ou le crime qu'on a commis. Et personne n'ignore que la prison, déshonorante avec raison pour les criminels, n'enlève rien aux mérites d'un apôtre, d'un missionnaire, d'un bienfaiteur public, comme Jeanne d'Arc, par exemple.

« — Alors la prison au lieu de diminuer votre estime n'a fait que l'accroître ?

« — Assurément avant la prison nous savions que notre curé avait du cœur ; nous vous aurions soutenu que c'était un excellent curé, un bon entre les bons : c'était notre conviction, conviction basée sur la conformité de toute sa conduite avec ses enseignements, sur les nombreux services rendus sans bruit, sans vanité, sans faire connaître à sa main gauche le bienfait accordé par la droite : Mais toutes ces choses là restaient secrètes ; vous auriez pu ergoter contre nous. Mais depuis la prison nous pouvons donner la preuve bien indiscutable, bien connue de tous, et dire : Vous voyez le courage de ce curé pour son Maître qu'il adore, pour ses paroissiens qu'il aime de tout son cœur. Nous désirions notre procession : il nous l'a accordée avec la certitude d'être traité comme il l'a été.

« — Et vous n'éprouviez pas quelque honte à l'accompagner quand les gendarmes l'enmenaient ?

« — Quelle honte s'il vous plaît ?

« — Mais la honte que l'on éprouve toujours à se trouver l'ami ou l'allié de quelqu'un qui est justement puni.

« — Vous dites bien, Monsieur « justement puni. » Or ici le justement puni ne s'applique pas.

« On loue les amis d'un philosophe ou d'un libérateur s'ils lui restent fidèles quand il est opprimé. Qui donc osera nous blamer d'être fidèles à un prêtre qui défend nos droits. Oui, Monsieur, nous n'avons qu'à être fiers, et nous sommes justement fiers, car ce n'est pas partout qu'on trouve un curé courageux comme le nôtre. Noüs avons eu raison de le suivre et de l'acclamer, nous n'avons même pas fait tout ce que nous devions faire.

« — Vous exprimez là avec beaucoup de simplicité une haute philosophie et une noble reconnaissance.

« — Mais c'est l'évidence même, du pur bon sens.

« — C'est un bon sens qui n'est pas vulgaire en tous cas. Dans nos pays éloignés nous avions beaucoup admiré le curé et un peu les habitants de Donzy. Si nous avions mieux connu la sincérité de vos sentiments et ce que je n'hésite pas à appeler votre grandeur d'âme nous vous eussions admirés davantage·

« — Ne nous flattez pas, Monsieur : nous ne pouvions pas faire moins, et nous sentons bien que nous aurions dû faire beaucoup plus. Notre curé le mérite bien. »

Voulant avoir le dernier mot j'ose ajouter : C'est là précisément ce qui prouve que vous avez des sentiments au-dessus du vulgaire et un noble cœur.

ÉPILOGUE

104. — LA SITUATION RESTE LA MÊME

Qu'arrivera-t-il à l'avenir ?

Nous n'avons pas eu l'idée de demander à l'excellent curé de Donzy quelles sont ses intentions : nous n'en avions pas le droit d'ailleurs, et encore moins de lui demander quelles sont ses résolutions. Nous ne pouvons dire ce qui arrivera à Donzy.

Ailleurs la situation, tout en restant la même, ira en s'améliorant.

D'abord chacun, après avoir observé les temps, les lieux, les dispositions de ses adversaires et de ses amis, suivra comme par le passé les impulsions de son courage ou les temporisations de l'attente.

Les évêques resteront les chefs intelligents, clairvoyants, habiles qui recommandent le zèle tout en donnant des conseils de prudence, laissant ensuite à chacun le soin de voir ce que lui prescrivent, lui permettent ou lui défendent les mille circonstances dans lesquelles il doit agir. Ils ne commanderont pas à leurs prêtres de braver les condamnations et la prison : ces ordres ne se donnent que dans des circonstances excessivement graves, spécialement quand il y a péril pour la foi et les mœurs.

Ces actes d'héroïsme, d'ailleurs, ne sont estimés et estimables qu'autant qu'ils partent bien du cœur c'est-à-dire de la libre volonté de l'acteur.

D'autre part les évêques, gardiens des libertés de l'église, n'iront pas trahir leur mission et contrister les fidèles les plus fervents en blâmant les curés qui revendiqueraient avec modération, fermeté, une courageuse prudence, les droits méconnus qui appartiennent à leurs bons fidèles au moins autant qu'aux énergumènes de tout pays. S'ils n'encouragent pas leur zèle directement, ils diront au moins qu'ils ne se reconnaissent pas le droit de le blâmer.

Mais tôt ou tard il arrive un moment où la nécessité d'agir s'impose, où l'on s'aperçoit que patienter plus longtemps c'est nuire à la cause de Dieu et trahir un devoir. Or quand un prêtre croit ce moment venu ; quand son cœur, sa conscience, ou son ange gardien lui crie : « serviteur d'un maître qui donne sa vie pour ses amis, pourquoi ne pas tenir la promesse faite au jour de ton ordination ? » Alors rien n'arrête ce prêtre. Déchainez contre lui les journaux les plus violents, ouvrez les prisons les plus noires pour l'y enfermer, mettez-le à la mendicité en supprimant son traitement, tirez les armes si vous voulez pour supprimer son action : Vous ne réussirez pas, car sa volonté vous échappe ; une influence divine fera faire par d'autres ce qu'il ne peut faire, et donnera le succès malgré les plus redoutables et les plus tenaces résistances. Bismarck et l'empire allemand en ont renouvelé dans ce dernier quart de siècle l'exemple mille fois donné.

105. — HEUREUX PRÉSAGES

Ce qui va changer à l'avenir et s'améliorer ce sont les dispositions des esprits à l'égard des processions.

A une époque comme la nôtre ou les mots d'union et de concorde sont dans toutes les bouches ; dans un temps ou chacun revendique la liberté, la plus sainte et la plus utile de toutes les libertés, ces processions qui contribuent si bien à réunir toutes les classes de la société et à leur inspirer des sentiments de tolérance et d'estime mutuelles, ces processions qui sont :

Un devoir de conscience pour les uns ;

Une source de profits pour les autres ;

Un spectacle agréable pour tous ;

Une leçon utile pour les petits ;

Une action de grâce bien due à Dieu ;

Les processions obtiendront au moins le droit accordé à tout ce qui est honnête.

D'autre part la tolérance octroyée aux exhibitions malpropres a indigné même les indifférents.

Un travail de saine réflexion se fait : on observe et on voit ceux qui veulent supprimer l'influence et les leçons des processions, les remplacer par des influences et des leçons qui valent moins. Dans toutes les villes, l'idée des processions est dans l'air.

Chaque pays fournira des zélateurs pour recruter des adhérents ; presque tous le feront par pure piété et avec le sincère désir de faire honneur à Dieu ; un petit nombre le feront peut-être pour créer des ennuis au maire, ou au curé, ou à tous les deux.

Les maires les plus entêtés résisteront ; les plus prévoyants accorderont la liberté, l'offriront même, pour faire disparaître une cause de contrariétés et de conflits.

Les procédés de ces maires conciliants et habiles leur attireront l'estime et la louange, tandis que la résistance des autres, en irritant les cœurs, rendra leur administration de plus en plus pénible.

Le nombre des libéraux, on peut, on doit l'espérer, ira en progressant, et l'on verra, après quelques années d'incertitude, le triomphe de la liberté, et des processions, c'est-à-dire le triomphe de la cause de Dieu.

Ainsi, bienveillant lecteur, nous avons demandé aux lois, à la raison, au peuple ce qu'ils pensent de notre pieux chanoine :

La loi le justifie ;

La raison le loue ;

Le peuple l'applaudit.

La loi le justifie parce qu'elle établit son droit et même son devoir dans les premières difficultés.

La loi le justifie parce qu'elle donne à la population et au curé de Donzy un droit général en déclarant que le culte est public, que le règlement d'Etat (art. 45) n'interdit pas cette publicité à Donzy, que tous les citoyens sont égaux devant la loi, enfin que les catholiques ont toutes les libertés accordées par la Constitution aux autres citoyens.

La loi le justifie car dans les graves évènements qui ont suivi, si elle donne aux maires et au gouvernement certains droits, elle déclare aussi que nulle contravention, nul délit ne peuvent être punis de peines qui n'étaient pas prononcées par la loi avant qu'ils fussent commis.

La raison le loue parce que les processions sont des réunions utiles au commerce local, agréables au peuple, favorables à l'esprit [d'union qui doit régner entre les citoyens d'une même nation.

La raison le loue parce qu'il a employé d'abord les moyens de conciliation et ne s'est décidé qu'après quatorze ans de patience à user du seul moyen qui reste à un opprimé pour revendiquer cette liberté générale du culte, de la conscience et du citoyen que le Concordat et la Constitution républicaine accordent à tout Français,

La raison le loue parce que s'il n'a pu, contre l'accusation d'hostilité, montrer aux yeux de tous le fond de charité qui est dans son cœur pour M. le Maire aussi bien que pour ses autres paroissiens, il a mis en évidence, de la manière la plus nette et la seule irréfutable, la fausseté des manifestations fâcheuses et l'excellent caractère de ses bons Donziais.

Le peuple l'applaudit parce qu'au lieu de chercher le repos, de se complaire dans une vie douce et tranquille, il s'est courageusement dévoué pour son peuple et n'a pas refusé de souffrir pour lui.

Le peuple l'applaudit parce qu'au lieu d'obéir à un mouvement de passion irréfléchie il s'est décidé, après une longue patience dans la paix de la prière et de la réflexion, a souffert sans s'irriter, avec calme et dignité, pour une noble cause.

Le peuple l'applaudit parce qu'il voit en lui un pasteur dévoué, un conseiller éclairé, un guide prudent, un ami sincère, un défenseur sur lequel on peut compter.

Excellent pasteur vous ne cherchiez pas la louange des hommes, et voilà que vous l'avez méritée. Ce que vous désiriez le plus c'est la bienveillance du Divin Sauveur : vous l'aurez car vous pouvez lui dire avec la simplicité et la dignité d'un complet dévouement : « Bon Maître, j'ai imité l'exemple que vous m'avez donné. J'ai accepté ma croix et je vous ai suivi pour l'honneur de Dien et le bien de mon peuple ».

APPENDICE

——

La grande consolation, du courageux curé de Donzy, a été, après les sympathiques encouragements de ses paroissiens, le grand nombre de lettres et de cartes qu'il a reçues ! Nous avons passé des heures délicieuses à parcourir seulement celles qui étaient moins confidentielles. Les publier toutes serait trop long et d'ailleurs ces lettres se ressemblent beaucoup, on le conçoit facilement, puisque toutes expriment soit l'indignation . contre les esprits brouillons qui ont provoqué le conflit, soit l'admiration et la vénération pour le généreux confesseur de la foi, soit de chaleureux encouragements à continuer la voie noble où il s'est engagée. Nous donnons, ici, seulement celles qui se ressemblent le moins.

Nous osons conseiller à M. Bailly de les faire toutes transcrire, par une main habile, sur un grand registre qui resterait aux archives, pour le perpétuel honneur de la paroisse.

Avant toutes· les autres, nous devons placer la lettre si paternelle, si épiscopale, que son évêque adressait au Curé de Donzy à sa sortie de la prison.; nous l'empruntons à l'une des nombreuses feuilles publiques qui se sont empressées de la reproduire :

« Mon cher Doyen,

« Je vous dois et je m'empresse de vous envoyer, à votre sortie de prison, un témoignage de paternelle sympathie.

« Je vous ai suivi de cœur et de prière dans votre captivité ; mais à vrai dire, je n'ai pas pu vous plaindre, vous étiez « le prisonnier du Christ » *vinctus Christi ;* et sans doute Notre-Seigneur vous a fait largement goûter la joie dont surabondait l'âme du grand Apôtre au milieu de ses tribulations.

« Vous revenez dans votre paroisse, non pas amoindri, mais plutôt grandi par cette épreuve. Votre ministère n'aura pas à en souffrir ; il en profitera au contraire. Vos bons paroissiens, au service desquels vous vous dépensez depuis bientôt trente ans, continueront à vous venir en aide aussi longtemps que durera l'inique suppression de traitement dont vous êtes victime depuis un an déjà ; ils auront à cœur de vous dédommager, par un redoublement de respect, d'affection et d'obéissance, de ce que vous avez souffert ; car ils se rendent bien compte que c'est pour eux : parce que vous avez revendiqué en leur faveur cette liberté des processions que leur assure le Concordat, et dont ils se voient si injustement dépossédés.

« Dieu d'ailleurs saura, comme toujours, tirer le bien du mal.

« Cette leçon profitera aux habitants de Donzy et à d'autres encore, je l'espère. Beaucoup d'honnêtes gens ouvriront enfin les yeux ; ils comprendront quelles responsabilités s'attachent à leur droit d'électeur et quel devoir de conscience c'est pour eux de ne pas s'abstenir de voter et surtout de ne donner leurs suffrages qu'à des hommes respectueux des droits et des libertés de l'Eglise.

« Croyez, mon cher Doyen, à mes sentiments affectueux et dévoués en Notre-Seigneur.

« † ETIENNE, *évêque de Nevers.* »

En citant cette lettre, nous ne tairons pas qu'elle a été déférée au Conseil d'Etat et qu'un décret, en date du 31 juillet 1897, décide : « Qu'il y á abus dans la lettre de l'Evêque de Nevers ».

Le *Journal des Conseils de Fabriques*, nº du mois d'août 1897, page 221, dit à ce sujet :

« La jurisprudence du Conseil d'Etat, en matière d'abus, tend à restreindre de plus en plus la liberté épiscopale; le décret qui frappe Monseigneur de Nevers en est une nouvelle et affligeante preuve. Rien, selon nous, dans sa lettre à M. le Curé de Donzy, n'excède ni son devoir, ni son droit. Il est permis à tous les citoyens de discuter et de protester, par la voie de la presse ou de pétitionnement, contre les lois et décisions administratives ou judiciaires; il serait interdit aux représentants des intérêts religieux de faire entendre leur voix contre l'arbitraire et l'injustice ! On ne peut admettre une telle atteinte à l'égalité constitutionnelle, à la conscience du clergé et au Concordat ».

4 juin 1896.

Bien cher et vénéré Monsieur le Curé,

Je suis sous une émotion inconnue jusqu'à ce jour. J'ai des larmes pleins les yeux. Ce ne sont pas des larmes de tristesse ; ce ne sont pas des larmes de joie : je renonce à vous les décrire. Le devoir accompli ne fait pas pleurer ; mais procure bien une certaine satisfaction qui tient de la joie. C'est probablement ce genre d'émotion que je partage avec vous et que j'éprouve.

Je ne viens pas vous féliciter, bien qu'aujourd'hui la lâcheté en face du devoir soit à l'ordre du jour.

Toutefois, j'admire la logique invincible de votre conduite. Là, et là seulement, se trouve et se trouvait la difficulté.

Vous l'avez vaillamment surmontée. Vive Jésus. Peu importe l'amende. Peu importe la prison ! Je voudrais bien être à vos côtés pour recevoir un petit rayon de la gloire qui vous entoure. C'est une jalousie bien placée.

Je ne sais pas où, ni si mon petit mot pourra encore vous trouver. J'ose l'espérer.

Il vous dira que je suis avec vous d'esprit et de cœur.

Daignez agréer, cher Monsieur le Doyen, mes sentiments affectueux et mes hommages les plus respectueux.

4 juillet 1896.

Monsieur le Doyen,

L'inique condamnation que vous subissez vous honore grandement.

Elle vous fait prendre place dans la noble phalange des prêtres les plus vaillants et les plus dignes de respect.

Elle doit aussi réjouir votre cœur tout apostolique *ibant gaudentes !...*

Comme l'apôtre s. Paul, si vous avez la gloire d'aller en prison, vous serez à la lettre comme lui le *Vinctus Christi Jesu.*

Nous vous accompagnerons de cœur. Personnellement, je suis heureux de m'unir à tous mes confrères qui ne manqueront pas de vous adresser leurs cordiales félicitations.

Veuillez agréer, Monsieur le Doyen, l'expression de mes très humbles et très respectueux sentiments en N. S.

G.

———

La Chasseigne, 5 juillet 1896.

Vous devez recevoir de toutes parts, Monsieur le Curé, des lettres si nombreuses que j'ai craint, tous ces jours-ci, d'être importun en augmentant leur nombre.

Cependant, je me sens pressé d'exprimer quel sentiment de reconnaissance et de fierté m'inspire le grand exemple que vous nous donnez et je ne résiste pas au désir de vous le dire.

Il n'est pas donné à tout le monde de souffrir persécution pour la Justice et pour la Foi, mais quand ceux que la Providence appelle à lui rendre ce témoignage public, y correspondent avec la noblesse et la simplicité que vous y avez mises, il faut la bénir de les avoir suscités.

Permettez-moi de me compter, Monsieur le Curé, parmi ceux à qui la liberté de la Sainte Eglise est assez chère pour leur faire comprendre tous les sacrifices et pour leur donner le légitime orgueil de s'y associer en quelque manière.

En attendant que je puisse me joindre, par l'intermédiaire de la *Croix*, à vos paroissiens de Donzy, permettez-moi de le faire aujourd'hui en vous priant d'agréer les sentiments de profonde et respectueuse sympathie avec lesquels j'ai le grand honneur d'être, Monsieur le Curé, votre très humble et très obéissant serviteur.

Cte DE MONTRICHARD.

Monsieur et vénéré Curé,

Nous voyons dans le journal *la Croix* que vous êtes en France le premier curé qui, pour la défense des intérêts religieux, ait été condamné à la prison.

Permettez-nous de vous offrir ce que notre œuvre de l'Union catholique, toute de dévouement à la Religion et à la Papauté, a de plus précieux : sa médaille bénie par Mgr le Nonce et reçue récemment par mon honorable compatriote le R. P. Ange le Doré et par le R. P. Bailly.

En revanche, priez Dieu de bénir la bonne volonté de l'œuvre au service de la Sainte Eglise à l'occasion de la vingt-cinquième année de sa fondation en 1897,

Et recevez, bien vénéré curé, l'hommage de notre respect,

Cte Victor GUYOT DE SALINS.

Auray, le 5 juillet 1896.

Château d'Azy, Saint-Benin-d'Azy (Nièvre),
5 juillet 1896.

Monsieur le Doyen,

Laissez-moi vous adresser, du fond de mon cœur, mes plus sincères félicitations pour l'énergie chrétienne que vous avez montrée devant la persécution d'un gouvernement impie. Vous avez eu la rare chance de rencontrer l'occasion de remplir votre devoir d'une manière éclatante et de montrer que si le courage devient aujourd'hui si rare en France, on le retrouve cependant dans les rangs de notre vaillant clergé français.

Puisse votre exemple faire rougir les tristes ralliés et leur montrer comment doit être porté le nom de catholique sans défaillance devant un gouvernement de francs-maçons.

Recevez, Monsieur le Doyen, l'assurance de mon respect,

Cte BENOIST D'AZY.

Spa, le 19 juillet 1896.

Cher Monsieur le Curé,

Permettez-moi de joindre mes expressions de sympathies à celles de vos nombreux amis, pour tous les ennuis que vous venez d'avoir. Je suis sûr qu'il n'y a qu'une manière dont vos ennemis ont pu vous blesser, c'est de voir les Français capables d'offrir une pareille insulte à un si bon et dévoué prêtre.

Recevez, cher Monsieur le Curé, mes salutations respectueuses,

Marie PATTERSON.

J.-M.-J.

Monsieur le Doyen,

Je veux vous offrir mes félicitations et vous dire que je suis plus que jamais plein de respect et d'estime pour vous. Toutes les condamnations judiciaires et administratives dont vous avez été l'objet, vous donnent droit à l'admiration de tous. Vous avez été courageux au-dessus tout éloge et vous nous donnez un bel exemple à nous si timides. J'envie votre sort ; car vous serez la gloire du clergé Nivernais et vous pouvez répéter avec raison ces paroles du poète :

Je crains Dieu... et n'ai point d'autres craintes.

Si les partisans de la ferraille Luciférienne sont si audacieux c'est parce qu'ils ne rencontrent pas de résistance sérieuse, c'est parce que nous sommes trop pusillanimes. A Donzy, vous avez montré que la patience ne saurait être éternellé et vos paroissiens vous ont compris. Aussi, Dieu aidant, c'en sera fait de tous les arrêtés qui ne sont qu'un pur brigandage.

Quant au F∴ Rambaud, ministre inculte qui a voulu montrer l'art de payer ses dettes comme son digne F∴ Front, vous lui avez sans doute répondu par le silence ou par ces paroles :

Pecunia hæc tecum sit in perditione.

Pour réparer cet outrage j'adresse ma souscription à la *Croix du Nivernais* avec prière de vous la faire parvenir. Tant que durera cette suppression, je renouvellerai mon envoi par l'intermédiaire de la *Croix*.

En attendant, recevez, Monsieur le Doyen, l'hommage de mes sentiments les plus respectueux en N.-S.

J. M. C., de L.

Le 12 juillet, 1896.

Madame A. S.

prie Monsieur le Curé de Donzy d'agréer l'expression de sa profonde vénération, de sa respectueuse sympathie; elle se recommande à ses bonnes prières.

Cosne.

DIOCÈSE DE NANCY   30 mai 1897

Paroisse de H.-l.-St-N.

Monsieur le Curé,

J'apprends par la *Croix* que le tribunal de Cosne a confirmé votre première comdamnation.

Vous voilà donc déclaré coupable par une magistrature à l'avenant du régime maçonnique, sous lequel, hélas ! tant de prêtres et d'évêques ont la faiblesse de courber la tête.

Ceux-là vous ont déjà traité, sans doute, d'imprudent et d'entêté. Mais les autres vous adressent leurs félicitations et souhaitent que la prochaine Fête-Dieu nous amène un grand nombre de curés à la barre des tribunaux pour le même délit, et, s'il le faut, un certain nombre de condamnations.

Réclamons pour le culte catholique plus que la liberté communément accordée soit aux autres cultes, soit aux manifestations laïques. Réclamons pour lui cette priorité de droit dont le clergé clérical semble ignorer même l'existence ; la liberté commune n'est qu'un minimum.

Bon courage, Monsieur le Doyen, Jésus vous reconnaîtra devant son Père.

Votre très respectueux confrère.

———

Mes félicitations à M. le curé Bailly.

Un catholique de Clignancourt, père de famille, ouvrier tailleur,

E. BROTIER.

128, rue du Mont-Cenis.

———

Cette lettre était sur carte postale : les employés des postes ont donc pu la lire, et elle n'a pas été arrêtée au nom de la liberté.

Saint-Ortaire, par la Ferté-Macé (Orne,) le 1er juin 1897.

Vous êtes donc en PRISON pour J.-C., honneur à vous ! C'est une gloire, c'est la 8me béatitude prêchée par J. C. même. Ça été le sort de s. Paul, qui disait : Que ce ne soit pas comme voleur et larron, *non ut fur et latro ;* il dirait de nos jours comme homme du

Panama. Mais, si c'est pour J.-C., réjouissez-vous ! *Gaudete !* La flétrissure est pour les lois scélérates et leurs confectionneurs. Vive J.-C. *Cujus regni non erit finis !*

Une carte de visite sous simple bande venant d'un confesseur de la foi m'honorera et me prouvera qu'on n'a pas arrêté cette carte au nom de la liberté.

A. CHAPEY,

Anc. missionnaire.

UN AUMONIER.

Vive Dieu et les vaillants ! Bravo et toutes mes plus chaudes et sincères félicitations pour la glorieuse condamnation. Ce sera un beau fleuron pour la couronne de là-haut et un déshonneur pour ceux qui l'ont rendue ou provoquée. Dieu ne meurt pas, criait en mourant Garcia Moreno. Puissent votre exemple et votre condamnation être féconds et nous familiariser un peu avec l'idée, j'allais dire l'Espérance de la Prison : Pour Dieu et l'Eglise.

Versailles, 4 juin 1897.

Monsieur le Curé Doyen,

J'ai vingt petits-enfants qui ont de quatre mois à vingt-sept ans, qui ont besoin de bonnes prières pour les soutenir dans la vie si agitée et troublée que nous traversons. Je vois par les journaux que je lis que vous êtes en prison pour deux jours et je vous en loue dans l'intime de mon cœur, sollicitant en échange du petit bon ci-joint une messe dite par vous, *en prison s'il est possible,* parce qu'elle sera célébrée par un prêtre confesseur de la foi et sera, par là, plus agréable à Dieu.

Est-il possible que l'on mette en prison un prêtre zélé qui cherche à faire honorer la majesté de notre Dieu, c'est à ne pas y croire et à penser que nous sommes en Chine, pendant un temps de persécution.

Vos prières, et votre prison qui vous honore singulièrement, apaiseront peut-être la persécution qui déshonore un gouvernement qui semblait s'adoucir depuis sa visite à Notre-Dame, mais cela a peu duré, car le lendemain nous avions les blasphèmes de M. Brisson.

Espérons que le pays apprenant votre honorable séjour de deux jours en prison se révoltera de cette manière de faire et que vous serez peut-être, si l'on peut avoir foi dans le bon sens public, le premier et le dernier prisonnier pour le crime affreux commis par vous en organisant une procession en l'honneur de Notre Seigneur Jésus-Christ.

J'ai l'honneur d'être avec respect, Monsieur le Curé, votre très humble serviteur,

Ch. D.,

Commandeur
de l'ordre de St-Grégoire le Grand.

Henry de Chambure

prie Monsieur l'abbé Bailly, courageuse victime des lois impies, de vouloir bien agréer l'hommage de sa respectueuse admiration.

Notre commune d'Alligny sera justement fière de l'énergique attitude de l'un de ses meilleurs enfants qui n'a pas craint d'affronter la prison pour accomplir nettement tout son devoir de prêtre.

Lachaux, 4 juin 1897.

PAROISSE ET DOYENNÉ   M..., le 22 juin 1897.
       de

M..... (Basses-Pyrénées)

Très vénéré Confrère,

Daignez agréer, de la part d'un Confrère inconnu et lointain, l'expression sincère, émue de son admiration pour votre noble et courageuse conduite.

La lettre de votre digne évêque vous a mis à l'ordre du jour devant la France entière comme un vaillant du sacerdoce.

Elle est un précieux témoignage rendu à vos luttes et aux qualités qui vous distinguent. Elle confond vos ennemis qui sont d'une autre époque.

Dieu vous a trouvé digne de souffrir persécution pour la plus belle des causes : la liberté de son

Eglise. Qui ne porterait envie à votre sort ? Mais il faut des mérites pour un tel choix. Captif du Christ, vous avez plus fait dans vos deux jours de détention pour le triomphe de l'Evangile que tant de vaines récriminations des chrétiens de l'heure présente. Je baise avec amour et respect les liens quoique invisibles dont vos mains ont été chargées. A votre retour à la paroisse, vous les avez élevées sur vos persécuteurs comme sur vos fidèles et cette bénédiction changera les cœurs rebelles et raffermira ceux qui sont demeurés bons.

J'admire avec une certaine fierté que vous excuserez comment la divine Providence, pour confondre les orgueilleux, les timides et les faux calculateurs du jour, a pris dans notre rang modeste de la hiérarchie un confesseur de ses droits reconnus d'ailleurs et imprescriptibles.

J'ose me recommander avec toute ma parenté à vos plus ferventes prières.

Veuillez agréer, très vénéré Confrère, l'hommage de mes meilleurs sentiments,

F. L.,

Curé Doyen de M.

PAR TÉLÉGRAPHE

Roubaix, 22 juin 1897.

Président réunion de 3,000 catholiques assemblés pour réclamer liberté processions et manifester publiquement leurs revendications est heureux de vous transmettre motion ¡votée unanimité affirmant solidarité des catholiques français et mille témoignages.

Admiration et respectueuses félicitations pour martyr de la liberté.

DAZIN ELOY.

Laval à Beines, par Chablis (Yonne).
Beines, le 22/6 1897.

Monsieur le Curé,

Mes respectueuses condoléances aux peines que vous avez eues pour l'honneur de votre ministère et pour le *droit à la rue* qui ne devrait pas même être discuté sous une *législation républicaine.*
Je vous présente mes humbles civilités.

Un Lecteur de la Croix.

Diocèse de Limoges
—
PAROISSE DE S.-N...
(Hte-Vienne)

le 22 juin 1897.

Courageux Frère,

Enfin, il s'est trouvé un prêtre comme en voulait saint Bernard ; un ministre de Dieu ne craignant point les menaces des puissants, mais les méprisant: *qui jussa principum non timeant sed contemnant !* Et ce prêtre, c'est vous !

Ah ! que Thomas de Cantorbéry avait raison d'écrire à la Cour Romaine : « Ce n'est pas par l'hypocrisie, ce n'est pas par l'adresse que doit être gouvernée l'Eglise, mais par la justice et la vérité qui délivre celui qui l'observe de tout péril . *Non simulatione, non ingenio regenda est ecclesia; sed justitia et veritate quœ se observantem liberat ab omni periculo...* Dans son « *Année Liturgique* », à la fête de ce martyr, Dom Guéranger annonce que l'Eglise sortira de l'esclavage où elle se trouve, non par des concessions ou des combinaisons, mais par la foi et le courage de quelque humble prêtre. Vous avez commencé, continuez. Ce n'est pas la libération de l'Eglise encore : mais c'est le premier pas.

Les prêtres qui brûlent de marcher sur vos pas sont nombreux. Vous serez suivi.

Un Frère qui veut vous imiter.

F. P...,

Gradué en théologie.

————

Comte Joseph de Beaurepaire de Louvagny

A l'honneur de présenter ses hommages les plus respectueux à M. le Curé de Donzy qui vient d'avoir l'honneur d'être le premier ecclésiastique de France condamné à deux jours de prison. Vous êtes donc le premier de cette liste qui va faire la gloire du clergé français qui n'a qu'à vous imiter. — Vous savez que dans la grande lutte que les catholiques allemands soutînrent contre Bismark dans le Hulturkampf, quand ce célèbre homme d'Etat apprit que les évêques et les prêtres aimaient mieux aller en prison que de lui obéir, il s'écria : « *Nous sommes battus* ». — Le jour où nous aurons des évêques et beaucoup de prêtres français qui imiteront le clergé catholique allemand, l'Eglise de France sera bien prête d'être triomphante. Quand ce moment si désiré arrivera, quel soulagement pour tout le monde et quel bonheur et quelle gloire pour tous ceux qui nous auront menés à la victoire.

A Lalande, par Toury (Yonne).

Monsieur et Madame Charles de Lustrac

Propriétaire au Pouyau (Gaillan).

envoient leurs respectueuses félicitations à M. le Curé de Donzy ; on aime à voir un ministre de la religion se comporter comme vous l'avez fait, pour tenir tête aux Brisson et aux montreurs de vachalcades !!!
Bravo le prêtre en surplis entre cinq gendarmes.

Ch. de Lustrac.

Gaillan, le 27 juin 1897.

L'Abbé..... *aumônier.*

Exclamavit Mathathias voce magna dicens : « Omnis qui zelum habet legis, statuens testamentum, exeat post me. » Tu quoque, vere novæ legis Mathathias, zelo zelatus sacerdos, statuto testamento, exclamasti voce magna et in civitate, et in carcere, et in Galliâ universâ, dicens : « Exeatis post me, fratres et filii, mecum, et ipsi vos, R. R. Magistri Episcopi ! » — Faxit Deus ut « ascendant multi, te duce, quærentes judicium et justitiam ».

I Mach. II.

Pas-de-Calais, 20 juin 1897.

Monsieur le Curé,

La lâcheté ambiante est si grande que tout acte d'énergie nous semble un bienfait, un bienfait pour l'Eglise de France, une prière et une supplication auprès de Dieu, une caresse pour toutes les âmes chrétiennes et fières.

Permettez-moi donc, M. le Curé, de vous envoyer, avec mes félicitations, l'expression de ma respectueuse sympathie.

Ch. DE R. d'A.

ASSOCIATION CATHOLIQUE
de la
JEUNESSE FRANÇAISE

Monsieur le Curé,

Je suis chargé par le Comité de l'association catholique de la jeunesse Française de vous exprimer la respectueuse admiration que nous a inspirée votre vaillante conduite.

La jeunesse catholique d'aujourd'hui entend revendiquer la liberté des processions, comme toute autre liberté religieuse, et elle est trop heureuse de pouvoir exprimer sa sympathie aux prêtres zélés qui rétabliront la liberté des processions par leur fermeté dans la résistance aux lois maçonniques.

LIGUE CATHOLIQUE ET SOCIALE DE SAINT-ETIENNE

10 Juillet

Monsieur le Curé,

La Ligue catholique et sociale de St-Etienne, réunie en assemblée générale, le 7 courant, me charge de vous adresser ses félicitations les plus vives, à l'occasion de la condamnation à deux jours de prison qui vient de vous frapper si glorieusement, pour avoir deux fois de suite, malgré de tyranniques arrêtés municipaux, voulu rendre à Dieu la liberté de passer dans nos rues, en nous bénissant.

Bravo ! M. le Curé, pour votre conduite si apostolique. Tous les catholiques vraiment dignes de ce nom sont avec vous.

DE LA JEUNESSE ROYALISTE NIVERNAISE

20 JUIN 1897

Monsieur le Curé,

J'ai l'honneur de vous transmettre l'ordre du jour voté à l'unanimité par la jeunesse royaliste nivernaise dans sa réunion d'hier soir :

« La jeunesse royaliste nivernaise adresse à M. le Curé de Donzy ses recpectueuses félicitations de la persécution qu'il vient de subir pour la cause de la religion ; du grand exemple qu'il a donné, au milieu des défaillances si fréquentes à notre époque et flétrit énergiquement ses persécuteurs. »

Nous voudrions citer encore tant d'autres témoignages empreints de la même admiration et du même amour pour la liberté religieuse, venus de la jeunesse catholique d'Avignon, du Comité libéral de St-Ouen, de l'Association du travail de St-Léon (Allier), du Comité de l'Union nationale de Ste-Anne (Paris), etc.

On serait étonné de ne pas rencontrer ici les félicitations émanant de réunions sacerdotales, de conférences ecclésiastiques ; nous en avons plus de vingt sous les yeux. Elles expriment admirablement, dans un témoignage unanime, ce qu'une foule de prêtres ont écrit isolément à leur confrère de Donzy. Nous n'en reproduisons qu'une seule.pour clore cette série déjà longue de citations, dont le nombre ne fera qu'accroître l'intérêt.

7 juillet 1897.

Monsieur le Doyen,

Les curés du doyenné de...., soussignés, réunis en conférence, se font un devoir de vous envoyer l'expression de leur profonde admiration et de leur fraternelle et respectueuse sympathie.

Ils tiennent à vous dire qu'ils ont été avec vous de cœur dans les épreuves que vous venez de traverser et qui seront votre gloire devant les hommes comme elles le sont devant Dieu.

Ils ne peuvent que vous féliciter d'avoir été jugé digne de souffrir pour le nom de Jésus-Christ.

Ils saluent en vous un confesseur de la Foi et un défenseur des droits de l'Eglise.

CONSEIL D'ÉTAT

Le Président de la République,

Sur le rapport de la section de l'Intérieur, des Cultes, de l'Instruction publique et des Beaux-Arts :

Vu le recours et le mémoire présentés pour l'abbé Bailly, curé de Donzy (Nièvre), les dits recours et mémoire enregistrés au secrétariat général du Conseil d'Etat, les 29 octobre et 5 décembre 1896 et tendant à ce qu'il plaise au Conseil déclarer qu'il y a abus dans l'arrêté, en date du 17 mars 1882, par lequel le Maire de Donzy a interdit les processions dans la commune, et subsidiairement décider que cet arrêté était temporaire et ne pouvait dès-lors être appliqué en 1896 ;

Vu l'arrêté précité ;

Vu les observations présentées par l'Evêque de Nevers, à la date du 20 août 1896 ;

Vu l'avis du Préfet, en date du 5 octobre 1896 ;

Ensemble les autres pièces du dossier ;

Vu l'article 1er de la Convention du 26 messidor, an IX, et les articles 7 et 8 de la loi du 18 germinal, an X ;

Vu les lois des 16, 24 août 1790 et 18 juillet 1837 ;

Considérant que, en prenant, à la date du 17 mars 1882, un arrêté interdisant les processions dans la commune, le Maire de Donzy a agi dans la limite des attributions de police qui lui sont conférées par la loi ;

Qu'en effet, si l'article 45 de la loi du 18 germinal, an X, autorise implicitement les processions publiques dans les communes où il n'existe pas de temple affecté à un autre culte, cette disposition ne fait pas obstacle aux mesures que les Maires croient devoir prendre dans l'intérêt de la circulation pour prévenir des désordres ;

Que le droit de police de l'administration a été expressément réservé par l'article 1er de la Convention du 26 messidor an IX, qui a admis la publicité du culte catholique ;

Qu'il suit de là que l'arrêté du 17 mars 1882, pris en vue de prévenir des désordres, n'a porté atteinte ni à l'exercice public du culte catholique, ni à la liberté que les lois et les règlements garantissent à ses ministres.

Considérant, d'autre part, que la question de savoir si l'arrêté du 17 mars 1882 était encore en vigueur au jour de la contravention, est de celles dont il appartient à l'autorité judiciaire de connaître, et que, dès lors, il n'y a lieu d'y statuer ;

Le Conseil d'Etat entendu

Décrète :

Article premier.

Le recours pour abus formé par l'abbé Bailly, curé de Donzy (Nièvre), est rejeté.

Art 2.

Le Garde des sceaux, Ministre de la Justice et des Cultes, est chargé de l'exécution du présent décret, qui sera inséré au *Bulletin des Lois.*

Approuvé, le 24 mars 1897.

Signé : Félix FAURE.

Par le Président de la République,

Le Garde des sceaux, ministre de la Justice et des Cultes,

Signé : J. DARLAN.

POUR AMPLIATION :

Le Conseiller d'Etat, Directeur des Cultes,

Signé : DUMEZ.

ARRÊTÉ DU MAIRE DE DONZY

« Vu les articles 9, 10 et 11 de la loi du 18 juillet 1837 ;

« Vu le vœu émis à l'unanimité par le Conseil municipal dans sa séance du 7 août 1881 ;

« Considérant qu'à la suite de l'hostilité faite par M. le Curé de Donzy à la municipalité de cette commune, à l'occasion de la Fête Nationale du 14 juillet dernier, l'exercice du culte extérieur peut donner lieu à des manifestations fâcheuses et de nature à troubler la tranquillité publique,

« Avons arrêté :

« Les processions sont supprimées sur le territoire de la commune de Donzy. »

— FIN —

TABLE DES MATIÈRES

INTRODUCTION

PROCESSIONS INTERDITES

PROCESSIONS REPRISES

DEVANT LES GRANDS JUGES

Nevers. — Imprimerie Catholique L. Cloix, rue des Juifs